AF297377

BIBLIOTHÈQUE DE « LA RELIGION UNIVERSELLE »

Étude Historique

Spiritisme

UN NOUVEAU PARTI

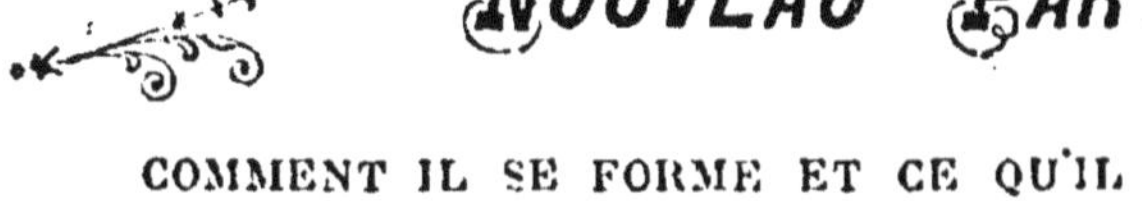

COMMENT IL SE FORME ET CE QU'IL PENSE

SES INSPIRATEURS, SA THÉODICÉE, SA PHILOSOPHIE ET SA MORALE

Par P.-F. COURTÉPÉE

Hier n'est plus, aujourd'hui passe,
demain se montre et se survivra.
L'homme sème au temps fugitif
pour la moisson éternelle.

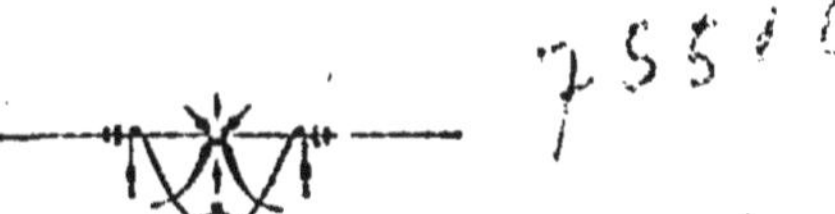

LIBRAIRIE DE J. LESSARD

Rue Mercœur, n° 3, à NANTES

(Loire-Inférieure)

8° R 13531

BIBLIOTHÈQUE DE « LA RELIGION UNIVERSELLE »

ÉTUDE HISTORIQUE

SPIRITISME

UN NOUVEAU PARTI

COMMENT IL SE FORME ET CE QU'IL PENSE

SES INSPIRATEURS, SA THÉODICÉE, SA PHILOSOPHIE

ET SA MORALE

Par P.-F. COURTÉPÉE

> Hier n'est plus, aujourd'hui passe,
> demain se montre et se survivra.
> L'homme sème au temps fugitif
> pour la moisson éternelle.

LIBRAIRIE DE J. LESSARD

Rue Mercœur, n° 3, à NANTES

(Loire-Inférieure)

ÉTUDE HISTORIQUE
UN NOUVEAU PARTI

*Comment il se forme et ce qu'il pense,
ses Inspirateurs, sa Théodicée, sa Philosophie
et sa morale.*

AU LECTEUR

1. — Il y a quelques années déjà, dans une de nos assemblées politiques, un commissaire du gouvernement, parlant de nouveaux partis, a nommé celui des spirites.

Avant d'attaquer les gens comme ennemis, ou de les accepter à titre d'auxiliaires, il est indispensable de s'informer de ce qu'ils sont : c'est ce qui n'a pas été fait à l'égard de ceux que nous venons de désigner.

Leur doctrine, rattachée aux traditions les plus anciennes des Indes Orientales comme de la Gaule druidique, se prononce sur Dieu et ses créatures intelligentes, sur l'âme, le droit, la justice, la morale, la philosophie et la politique; en d'autres termes, sur tout ce que les hommes ont intérêt à connaître de leur passé, de leur présent et de leur avenir, ici, comme partout ailleurs.

2. — Ils demandent qu'on n'agisse point avec eux, ainsi que le font journellement ces orgueilleux qui, pensant tout savoir, refusent d'examiner les pratiques et les opinions des autres et néammoins s'efforcent de les ridiculiser. Qu'après avoir étudié on fasse de là critique, les spirites ne se plaindront pas. Forcément, et par nécessité de logique, ils sont à la recherche de la vérité. Si l'on parvient à les convaincre d'erreur sur un point, ils le reconnaîtront sans regret afin de se ranger à l'avis que justifiera l'évidence; mais, que nul ne se flatte d'une victoire complète car les bases fondamentales de la théorie sont des expériences toujours renouvelables et dont les résultats échappent à la destruction.

3. — L'examen a porté, disent-ils, sur des faits innombrables qui, multipliés depuis plus d'un quart de siècle, s'imposent au monde entier.

Les premiers qui, dans les temps modernes, attirèrent l'attention, furent observés aux Etats-Unis d'Amérique, dans la maison de M. Fox, à la fin de 1847 et dans les premiers mois de 1848. Des coups frappés sur les murs et un peu partout, furent d'abord entendus, puis on vit les meubles agités osciller dans tous les sens. Enfin, les pas d'une personne invisible marchant sur les planchers furent distingués.

M. Fox était père de deux filles, Marguerite et Catherine. Celle-ci avait alors douze ans, et sa sœur était plus âgée de deux ans. Après avoir été fort effrayées des attouchements d'une main froide sur leurs joues, les jeunes filles s'enhardirent à correspondre avec l'invisible et à lui demander d'imiter ce qu'elles feraient. Il fut répondu à leur badinage; l'invisible claquait des doigts comme elles, comptait les nombres qu'elles indiquaient, et répondait à leurs questions. Elles inventèrent un moyen de correspondance auquel l'interlocuteur se prêta. Il leur apprit qu'homme naguère, il s'était appelé Charles Ryan; qu'il avait été colporteur; que l'argent vu en sa possession avait tenté un ex-habitant de leur maison; que celui-ci, dont il indiqua le nom, l'avait assassiné et enterré dans le cellier. Des recherches ayant été faites dans cet endroit, des débris d'ossements humains y furent trouvés.

Ces faits reçurent de la publicité, et la famille Fox, persécutée, se vit contrainte de quitter sa résidence d'Hydesville. Elle se réfugia à Rochester, état de New-York, et dans cette seconde demeure les mêmes phénomènes furent produits. L'invisible les avait suivis.

Une nouvelle persécution commença. La famille Fox fut accusée d'imposture et sommée de renoncer à ses prétentions. Cette fois, M. et Mme Fox et leurs filles tinrent tête à l'orage. Ils répondirent « qu'ils considéraient comme un devoir de propager la connaissance de ce qu'ils regardaient comme l'avènement d'une grande et consolante vérité, utile à tous. »

Chassés de leur église, eux et tous leurs approbateurs, ils offrirent de faire la preuve publique de la réalité de leurs relations avec l'invisible. A la suite d'une conférence rendue des plus orageuses par la populace ameutée, une Commission d'examen et d'étude fut désignée. Leurs travaux terminés, les commissaires durent avouer qu'ils s'étaient livrés aux expériences les plus minutieuses et qu'ils n'avaient découvert aucune trace de supercherie.

Une seconde Commission, choisie parmi les adversaires déclarés des affirmations de la famille Fox, aboutit au même point.

Une troisième Commission fut élue et le soin de faire les vérifications fut remis aux plus incrédules. Ils se livrèrent à leurs investigations avec un désir violent de réussir et ne rougirent pas d'employer les moyens les plus outrageants pour arriver à leurs fins. Ils furent néanmoins obligés de se rendre à l'évidence et de confesser la bonne foi de la famille Fox, ainsi que la réalité de ses allégations. Ils préparèrent une réunion publique afin de rendre compte de leur mandat. Instruite de leurs dispositions, la foule exaspérée criait qu'elle était trahie par les commissaires et qu'on devait lyncher tous les imposteurs, les Fox et leurs avocats. Soutenus de quelques amis au milieu de ce tumulte hostile, M. et Mme Fox et leurs deux filles étaient à leur poste. Tous les quatre étaient décidés à périr, s'il le fallait, « martyrs d'une impopulaire mais incontestable vérité. » A peine le rapporteur eut-il achevé sa déclaration que la foule s'ébranlait afin de mettre ses menaces à exécution.

A ce moment décisif, un généreux citoyen, Georges Willets, eut assez d'énergie pour faire entendre ces simples mots: « La troupe de ruffians qui veut lyncher les demoiselles Fox ne le fera qu'en marchant sur mon corps. » Celui qui parlait de la sorte était bien connu pour un quaker religieux, et son intervention conjura le danger. La liberté de la nouvelle doctrine était désormais assurée grâce au dévouement d'une vaillante famille et d'un homme courageux. Elle put se répandre et à cette heure, c'est par millions que ses adhérents se comptent en Amérique.

4. — La question de la réalité des faits spirites fut, il y a plusieurs années, posée en Angleterre devant la Société de dialectique de Londres qui l'a résolue par l'affirmative (1871). Elle avait chargé quelques-uns de ses membres d'expérimenter les faits qui servent de point de départ au spiritisme. Un premier Sous-Comité fut organisé, et à la suite de quarante réunions consacrées à des observations rigoureuses, il fut conduit « à constater l'existence d'une force capable de mouvoir les corps pesants *sans contact matériel,* force qui dépend d'une manière inconnue de la présence d'êtres humains. » Le rapport ajoute que si la certitude n'a point été acquise relativement à la nature et à la source de cette force, « il y a preuve acquise du fait de son existence, des mouvements pouvant se produire dans des corps solides sans contact matériel et de la reddition par des objets solides que personne ne touche, de sons que chacun peut entendre distinctement. » Le Comité constate enfin que « cette force est fréquemment dirigée avec intelligence. »

La vérification des faits aboutit toujours à la même preuve inébranlable. On peut discuter sur la cause et la nature de la force invisible, son existence n'est plus contestable.

5. — Suivant les brahmes qui vivaient il y a bien des milliers d'années, comme d'après ceux d'aujour-

d'hui, cette force est la manifestation d'esprits, c'est-à-dire d'âmes ayant depuis peu cessé d'être attachées à des corps humains et revêtues de corps fluidiques.

6. — Les spirites pensent de même. Suivant eux, la mort de la chair est pour l'âme une renaissance ouvrant à sa vie une phase nouvelle. Ils croient à la persistance de l'être humain tel qu'il s'est fait, et avec son acquis de science et de vertu.

Ils admettent la réalité d'un monde de vivants d'où sont venus nos prédécesseurs, d'où nous sortons, d'où émergent nos successeurs, dans lequel nos anciens sont retournés, et où nous rentrerons tous pour en ressortir alternativement, et y revenir nombre de fois, tant que le but de la vie corporelle ne sera pas atteint.

Ils ont expérimenté les moyens de communiquer avec ces êtres momentanément ou à toujours libres des entraves de la chair, ils savent se mettre en rapport avec ces âmes dont l'individualité persistante toujours visible et perceptible pour leurs pareilles, se rend, selon ses moyens, mais à sa seule volonté, si ce n'est par ordre supérieur, présente pour les hommes qui se placent dans des conditions spéciales. Ils ont observé que ces êtres peuvent même occasionnellement devenir appréciables à nos sens de la vue et du toucher.

CHAPITRE PREMIER

Les Adeptes du Spiritisme sont des expérimentateurs et non des illuminés. Le fait les frappe, la conviction raisonnée les retient.

7. — A cette heure, il est peu de personnes qui n'aient été averties, et chacun peut, à l'aide de ses propres expériences, vérifier les récits qu'il a entendus. Toutefois, parcourant une route déjà tracée, le nouveau venu jouit de l'avantage d'éviter les difficultés auxquelles les premiers explorateurs furent exposés.

8. — Nombre de gens sont devenus spirites parce qu'une circonstance accidentelle a mis sous leurs mains un livre d'Allan Kardec, portant un titre étrange et attirant : *Livre des Esprits*. A la première page, ils virent: « Ceci a été écrit sous la dictée d'êtres invisibles qui se sont dit appartenir au monde des esprits et avoir naguère ou jadis habité la terre ou d'autres globes. » Un peu plus loin, ils ont trouvé: « Occupe-toi avec zèle et persévérance du travail que tu as entrepris avec notre concours. Ce travail est le nôtre. Souviens-toi que les bons esprits n'assistent que ceux qui servent Dieu avec humilité et désintéressement, et qu'ils répudient quiconque cherche dans la voie du ciel un marche-pied pour les choses de la terre. »

9. — Connaissance prise de ces pages adressées à ceux qui « sont assez sages pour douter de ce qu'ils n'ont pas vu et qui, jugeant l'avenir par le passé, ne croient pas que l'homme soit arrivé à son apogée, ni que la nature ait tourné pour lui la

dernière page de son livre, » tous n'ont pas pensé qu'elles fussent à la hauteur de l'origine qui leur était donnée; mais d'autres, et ils sont nombreux, ont jugé que l'œuvre avait une grande valeur.

10. — Ces phénomènes, reparus avec éclat de 1847 à 1853, étaient fréquents dans l'antiquité comme au Moyen Age, mais ils avaient été à peine remarqués dans les deux derniers siècles; ils furent produits et constatés au même moment dans le monde entier.

On vit à cette époque des objets mobiliers de tous genres mis en mouvement sans moteur apparent, et lorsque placés dans certaines conditions, ils étaient entourés de personnes dont les mains les touchaient ou seulement les approchaient.

Le mouvement des objets parut tout d'abord indépendant de toute action sensible et il devint bientôt incontestable que le mouvement ne provenait pas des opérateurs. Afin de s'en bien assurer, les expérimentateurs semèrent du sable ou de la farine sur les meubles qui servaient à leurs études. Ils allèrent même jusqu'à se placer à distance de la table qu'ils voulaient enlever, et à s'agenouiller sur leurs chaises retournées de manière que les dossiers de celles-ci fussent entre eux et la table dont ils tenaient éloignés leurs pieds et leurs mains, ainsi que toute leur personne.

11. — Cahagnet, Allan Kardec, MM. de Gasparin, de Mirville et Crookes, ce dernier de la Société royale des Sciences de Londres, ainsi que d'autres savants étrangers, ont publié le récit des expériences auxquelles ils se sont livrés, et ils ont fait connaître

les résultats qu'ils ont obtenus. M. Girard de Caudemberg a écrit à l'occasion des mêmes faits
auxquels les journaux ont à maintes reprises donné
la plus grande publicité.

On peut emprunter à ces écrits des relations de
faits irrécusables. Citons-en quelques-uns.

12. — Un guéridon étant chargé d'un poids de
75 kilogrammes, chacun de ses pieds a quitté alternativement le sol. A la contre-épreuve, la force
musculaire des doigts des opérateurs réunis n'a pu
soulever un des pieds du guéridon.

Le guéridon non chargé ou médiocrement chargé
a été mu circulairement et ensuite soulevé jusqu'au
renversement. Les personnes qui faisaient la chaine
avaient placé leurs mains au-dessus du meuble et
ne le touchaient pas.

Après avoir rapporté ce fait, M. de Gasparin
ajoute : « Nous étions dans le ravissement et
cette belle expérience a été maintes fois renou-
velée. »

L'auteur fait remarquer que *sans que l'on touchât la table*, elle fut dressée ; qu'ensuite les témoins éprouvant de la résistance eurent besoin de
faire un effort afin de la ramener à terre, et qu'enfin
elle fut renversée entièrement et tomba les pieds
en l'air quoique les pieds des opérateurs s'en fussent tenus écartés.

Il fait observer que tout contact volontaire ou
non eût été immédiatement constaté sur la farine
dont on avait eu soin de couvrir la superficie de la
table.

13. — Au dire de M. Roger, une table avait été
conduite vers les expérimentateurs et les avait

poussés avec une telle force qu'ils avaient en vain
lutté contre la puissance qui l'entraînait. M. de Gasparin rappelle ce fait et avance cet autre, que pres-
sée sous les mains d'un cercle de personnes, une
table a été élevée en l'air et y a flotté quelques se-
condes. Il termine par ces mots : « Je ne saurais
m'étonner de pareils résultats. »

14. — M. Girard de Caudemberg parle d'une expérience à laquelle il prit part. « L'opérateur se
contenta, dit-il, de placer sa main sur un guéridon
léger que nous avions choisi à cet effet. Je mis ma
main à côté de la sienne tout en me tenant assez
éloigné du guéridon pour observer à la fois, avec
beaucoup de soin, ce qui se passait au-dessus
comme au-dessous. Au bout de quelques instants
les deux pieds de notre côté se soulevèrent l'un
après l'autre et se maintinrent ainsi à 12 ou 15 cen-
timètres du parquet. J'exécutai alors à part moi un
essai très important consistant à exercer une
pression assez forte pour faire abaisser le guéridon et j'éprouvai une résistance tout à fait sin-
gulière. »

15. — La nouvelle Revue expérimentale de psychologie publiée par M. le docteur Puel a rapporté
dans tous les détails les nombreuses expériences
du même genre faites sous la direction d'un des
savants les plus en renom de la Grande-Bretagne.
Nous n'en citerons qu'une. Après avoir décrit un
appareil construit à claire-voie et de telle sorte
qu'un accordéon pût y être placé, et s'y mouvoir
bien que restant à l'abri de toute pression, M. Crookes
explique qu'un air simple avait été joué alors que
l'instrument était tenu par une seule des mains de

M. Home, puis il ajoute : « Mais ce qui fut encore plus surprenant, M. Home éloignant complètement sa main de l'accordéon, et la retirant de la cage, la plaça dans la main de l'un de ses voisins : l'accordéon continua de jouer sans qu'aucune main ne le touchât et qu'aucune main fût à côté de lui. Nous vîmes alors, moi et deux autres personnes, l'accordéon flotter dans l'intérieur de la cage sans support visible. »

16. — Les premières études firent reconnaître et les expériences ultérieures ont confirmé cette déduction que les mouvements se faisaient la plupart du temps dans des conditions qui en apparence s'écartaient des règles de la statique. Il fallut en conclure qu'ils étaient l'œuvre d'une force inconnue. Cela ne pouvait être douteux puisque la table qui venait d'être soulevée était ensuite rendue adhérente de telle sorte que les assistants devaient faire effort afin de la détacher du sol. Il était certain que tour à tour une même puissance agissant dans des conditions inconnues élevait la table ou la fixait à terre.

La même adhérence retenait assez souvent sur la table flottant en l'air durant un intervalle de temps appréciable, les objets disposés à sa surface. Aucun ne tombait quoique loin de rester horizontale ; la table fut alternativement inclinée en tous sens, comme un navire sur la vague. Cette expérience a été faite avec un vase plein d'eau, et le liquide a gardé l'immobilité comme s'il eût été comprimé sous une mince feuille de glace.

17. — Les mouvements avaient lieu quand certaines personnes concouraient aux expériences : ils

cessaient dès qu'elles venaient à se retirer. Il fallut donc également penser que les mouvements étaient produits sous l'influence de ces personnes douées de qualités dont on ne se rendait pas compte. Elles furent appelées *médiums* parce qu'elles servaient d'intermédiaires entre nous et la force inconnue.

Les faits réalisés par l'entremise de M. Home ont reçu la plus grande publicité.

M. Girard de Caudemberg certifie qu'il a vu tourner des objets extrêmement lourds qu'une jeune personne avait intentionnellement désignés. Le même auteur parle d'un piano de 300 kilogrammes soulevé au contact des mains d'un enfant effrayé d'un pareil effet qu'il n'avait pas songé à produire et du son étrange que l'instrument avait rendu.

18. — Ces faits et nombre d'autres semblables, tout en constatant la faculté des médiums, établissaient que les mouvements n'étaient pas imputables à l'action musculaire des assistants, médiums ou autres. Cela est trop évident pour être rappelé, quand le mouvement est produit sans contact de leur part ; mais cela n'est pas moins certain dans bien des cas où le contact existe. M. de Caudemberg en fait l'observation à propos d'une de ses expériences. « Je ferai remarquer, dit-il, que toute pression mécanique de la main du médium sur la table n'aurait eu d'autre effet que de maintenir la table sur le parquet par ses trois pieds et qu'avec deux pieds en l'air, la verticale abaissée du centre de gravité passait loin du pied appuyé. Aucun animal n'aurait pu se maintenir ainsi. »

19. — Certains indices donnèrent à penser qu'une

force guidée par une intelligence pouvait seule produire les résultats observés.

Les mouvements eux-mêmes fournissaient les moyens de correspondre avec cette intelligence et de découvrir si elle se trouvait en dehors d'eux ou si les assistants la procuraient en même temps que la force matérielle.

On posa des questions de chiffres auxquelles il était possible de répondre au moyen de mouvements marqués ou de coups frappés par un des pieds de la table soulevé et abaissé autant de fois qu'il serait nécessaire afin d'arriver à la solution poursuivie. « Parmi les nombres pensés, la malice d'un témoin avait, dit M. de Gasparin, placé un zéro et le pied indiqué était à gauche de l'opérateur et en dehors de son action musculaire. Or le commandement ayant eu lieu sans amener aucun mouvement, nous étions tous désolés, convaincus que notre impuissance actuelle allait jusqu'à ne plus obtenir le simple mouvement. J'affirme que si jamais l'ébranlement était donné par les expérimentateurs placés en face du pied à soulever, il y aurait paru à cette heure, nos nerfs étaient excités, et notre impatience était au comble; cependant aucun mouvement ne se manifesta. Nous fûmes fort soulagés en apprenant que le chiffre communiqué était zéro. »

Une expérience de ce genre étant faite et vérifiée, il n'est pas permis de méconnaître que la table agit sous l'impulsion d'une force dirigée par une volonté, et une volonté étrangère à l'assemblée visible. Nombre de faits analogues l'ont confirmé.

20. — Bientôt il ne s'agit plus de coups marqués avec le pied de la table, mais de bruits qui se fai-

saient entendre comme si un doigt l'eût frappée
elle-même, et qui se répétaient dès que le désir de
les entendre était manifesté. Toutes les personnes
présentes touchant tour à tour la table avec le doigt
ou la main, suivant le rythme choisi par chacune
d'elles, obtenaient la répétition automatique très
distincte des modulations successivement produites.
Cette expérience est des plus connues.

21. — Désormais il était permis de croire que les
tables et les autres objets mobiles du monde matériel avaient pour nous une fonction de plus, celle
d'obéir à une puissance invisible, et de la rendre
présente parmi nous. Il n'y avait plus qu'à imaginer,
d'accord avec elle, un langage permettant de recevoir les communications de cette intelligence ainsi
mise en rapport avec nous au moyen de nos sens.
Il fut d'abord extrêmement borné. Les coups figu-
rant des nombres.furent mis à contribution, et d'a-
près leur répétition convenue, ils signifièrent soit
l'affirmation, soit la négation.

22. — Ce langage restreint ne permettait que des
réponses monosyllabiques et par suite du mode
d'interpellation, l'interlocuteur, que séparait de
nous le mur de notre prison corporelle, restait sans
initiative. Une nouvelle convention la lui procura.
Des coups frappés en nombre suffisant représen-
tèrent la lettre correspondante d'après son rang
dans l'alphabet. De la sorte un coup signifia *a*, deux
coups *b*, et ainsi de suite. Cette méthode avait le
tort d'employer un temps considérable. On fit avec
elle des expériences tout à fait démonstratives.

C'était une intelligence que son action sur la matière proclamait à la fois présente et indépendante.

M. Girard de Caudemberg cite un fait bien convaincant sous ce rapport : « A cette question posée, quelle est la cause de la mort de mon père ? la table a dicté : « Feu ». Mon père était effectivement mort brûlé, il y avait de cela vingt ans. » Au moyen de la table avaient été frappés pour *f*, sixième lettre, six coups, pour *e*, cinquième lettre, cinq coups, et pour *u*, vingt et unième lettre, vingt et un coups. « Evidemment, fait observer l'auteur, la réponse, dans son ensemble, avait pu être lue dans ma pensée, mais le choix précis du mot, et du mot le plus court avait été fait par un autre esprit que le mien. »

Un assistant avait demandé que vient faire l'homme sur terre et par la méthode dont nous avons rendu compte, il avait été répondu lettre à lettre : « Edde i ora. » Personne ne comprenait, et des explications furent réclamées. Il fut dit alors, c'est la réponse faite en trois mots latins, à la question posée, et effectivement, sur terre, l'homme *edde*, mange, *i*, va et vient, et *ora*, prie. La nourriture, l'action et la prière sont les plus importantes obligations des hommes. Nul des assistants n'ayant l'idée de cette réponse latine n'avait pu la fournir ; elle était l'œuvre volontaire de l'interlocuteur invisible.

23. — M. Jacolliot raconte ce qui se passa aux Indes orientales entre un fakir et lui. Les spirites ainsi que le fakir y voient la preuve de l'intervention des esprits.

Des expériences avaient été faites à l'aide de sept feuilles de figuier, susceptibles de monter ou de descendre le long de sept bâtonnets verticalement enfoncés dans une planche, le tout placé à plusieurs mètres du fakir. « N'as-tu, dit celui-ci, rien à demander aux invisibles avant que je me sépare d'eux ? Interroge, comme tu voudras, les feuilles resteront immobiles quand les esprits n'auront rien à te dire : elles monteront au contraire le long de leurs tiges quand elles auront à te faire connaître la pensée de ceux qui les dirigent. » Le narrateur se prit à penser à un ami qu'il avait perdu depuis bien des années. Il fit l'épreuve au moyen de lettres et de chiffres de cuivre soudés sur de petits carrés de zinc qu'il jeta pêle-mêle dans un sac de toile. Voici la fin de son récit : « En prenant chaque carré de zinc, je regardais la lettre ou le chiffre tout en observant les feuilles pour surprendre leur moindre mouvement. Quatorze dés étaient déjà sortis sans que rien d'extraordinaire se fût produit, lorsqu'à l'apparition de la lettre a les feuilles s'agitèrent, et après avoir gagné rapidement le sommet des tiges retombèrent immobiles sur la planche où étaient fixés les morceaux de bambou. Je n'ai pas à cacher l'émotion que je ressentis en voyant cette ascension des feuilles concorder avec l'apparition de la première lettre du nom de mon ami. Lorsque le sac fut vide, je lui confiai de nouveau les lettres et les chiffres et continuai l'opération. J'obtins succesivement lettre par lettre, chiffre par chiffre, la phrase suivante : « Albin Brunier, mort à Bourg-en-Bresse, le 3 janvier 1856. » Date, pays, tout était exact. Je sentis le sang m'affluer au cerveau, en lisant et relisant ces mots qui miroitaient d'une façon étrange devant mes yeux. »

24. — Il y avait donc des êtres intelligents qui

voulant se manifester à nous et nous répondre se
servaient d'objets matériels qu'ils faisaient mouvoir à leur gré. Ce sont eux qui interrogés sur leur
nature se sont appelés esprits. Ils ont ajouté qu'ils
étaient des âmes humaines servies par des corps
fluidiques ; que naguère ou jadis, ils avaient été
ainsi que nous le sommes actuellement attachés à
des corps matériels, et qu'à des époques plus ou
moins éloignées, ils avaient été hommes habitant
la terre ou d'autres mondes.

Cette déclaration était un bonheur inespéré. Comment n'y pas croire ; nos parents, nos amis pouvaient nous entretenir de leur situation, nous éclairer sur la nôtre ! Ils avaient dit : « Les esprits du
Seigneur viennent vous parler : prêtez l'oreille à
leurs voix amies ».

25. — On avait hâte d'obtenir un moyen facile
de communication. Un progrès en ce sens fut bientôt accompli. Un des assistants appelait successivement les lettres d'un alphabet placé devant lui,
en commençant par la lettre *a*. Quand il arrivait à
la lettre qui devait servir à la reproduction de la
pensée du consulté, le signal de l'arrêt était donné,
soit que la table fût frappée d'un coup, soit que
son pied fût soulevé. Par cette méthode, bien des
phrases ont été dictées, et notamment celle-ci :
« Quand l'union tiendra vos cœurs enlacés par
une chaîne d'amour, vous serez les élus de la terre
et les amis des anges. »

26. — Quelquefois la dictée commence par la dernière lettre de la phrase, et ainsi de suite en re-
montant jusqu'à celle qui aurait dû se trouver la
première. Un premier coup s'était fait entendre,

quand l'interrogateur avait appelé la lettre *i*, et les coups avaient cessé après qu'il eût désigné la lettre *l*. On fit cette observation que la dictée n'avait aucun sens. Il fut répondu : renversez les lettres une à une et vous comprendrez ce que j'ai eu dessein de vous communiquer. L'opération indiquée ayant eu lieu, on lut : « Le doute poursuivant la vérité à travers l'opinion est encore un acte de foi. »

27. — Des expérimentateurs ont obtenu des phrases écrites en langues inconnues des assistants. Une personne raconte que devant elle a été formulé, lettre par lettre, un ensemble ne présentant aucun sens pour elle ni pour aucun des spectateurs. La séparation des mots fut opérée par un coup frappé sur la lettre qui devait être la dernière de chacun d'eux. Cette dictée est alors devenue la phrase anglaise : « Work never brindly thinck when you shall have will studied you shall believe. »

La traduction en a ensuite été donnée par le même procédé : « Ne marchez jamais aveuglément, réfléchissez : quand vous aurez bien étudié, vous croirez. »

28. — Ce dernier mode de communication était suffisant ; mais il demandait bien du temps encore. Un moyen plus facile de correspondance fut révélé, notamment à Paris, le 10 juin 1853. Il fut dit : « Va prendre dans la chambre à côté la petite corbeille, attaches-y un crayon, place-la sur le papier, mets les doigts sur le bord. » Avec un semblable engin de correspondance, il n'y avait plus d'obstacle à des entretiens de tous genres, ainsi qu'aux discussions les plus étendues, laissant la

plus grande latitude aux deux interlocuteurs. Il en fut fait usage à l'instant même. Un crayon fut attaché à la corbeille, et le médium, ayant posé ses mains sur le bord, l'appareil a été mis en mouvement peu d'instants après, et une phrase a été écrite.

29. — Il était évident que l'objet auquel le crayon était attaché ne pouvait se mouvoir que par l'influence du médium, mais il était également certain que le médium, dont la main n'était que posée sur le bord de la corbeille, ne pouvait ni la diriger, ni écrire.

S'il fallait conclure du premier fait que la corbeille n'était qu'un accessoire de la main du médium, on devait induire du second qu'il y avait complète indépendance entre la volonté du médium et celle de l'écrivain invisible. L'interposition de la corbeille avait donc son utilité, et bien que le contraire ait été soutenu, elle servait à montrer que c'était l'être invisible, c'est-à-dire l'esprit et non le médium, qui agissait. Celui-ci ne pouvant imprimer aucun mouvement au crayon attaché à la corbeille sur laquelle il ne faisait que poser une main, il devint incontestable que ce n'était pas lui qui écrivait. Il fut dit alors aux médiums qu'ils pouvaient mettre le crayon entre leurs doigts et les abandonner à l'action dirigeante. C'est par ce dernier moyen que des milliers de communications ont pu être faites à des médiums dont le nombre s'accroît tous les jours.

30. — Cette soumission du médium à la direction qui lui était donnée est incontestable en présence de certains faits comme celui qui se passe chez la

personne qui le rapporte. « Un médium, dit-elle, a dessiné un jour chez moi, en présence de vingt témoins, le portrait d'une jeune personne morte depuis dix-huit mois, et qu'il n'avait jamais vue, portrait reconnu par le père présent à la séance. »

La même induction est à tirer de cette circonstance que le médium trace des *fac simile* d'écritures et de signatures inconnues de lui, et que les écritures changent avec les esprits évoqués.

31. — C'est à l'aide de tous les modes de communication qui viennent d'être indiqués et plus spécialement des deux derniers que l'on peut converser avec les êtres intelligents qui peuplent l'espace.

32. — Les communications peuvent également avoir lieu par le moyen de l'écriture directe, c'est-à-dire sans que le crayon soit tenu par aucune main humaine. Une lettre adressée au Directeur de la revue la *Religion laïque*, et qui constitue un des témoignages reçus dans l'enquête concernant la vie d'outre-tombe, en rapporte trois exemples incontestables. « Voulant, dit l'auteur de cette lettre insérée tout entière dans le numéro du mois de novembre 1878, mettre l'expérience à l'abri de tout soupçon, nous nous présentions chez M. Slade, avec deux ardoises encadrées, réunies par des charnières et un fermoir et recouvertes à l'extérieur de bois verni... j'avais pris soin de revêtir ces ardoises à l'intérieur et à l'extérieur de signes particuliers, qui devaient s'opposer à toute substitution d'objets... nous nous plaçons autour de la table... nous demandons... si nous pouvons obtenir de l'écriture sur les ardoises que nous apportons...

nous voulons bien essayer, fut-il répondu... Le médium prend les ardoises jumelles, les ouvre sur la table devant nous, pose un petit morceau de crayon de trois à quatre millimètres de grosseur sur l'une d'elles. Les ardoises sont vierges de toute écriture. Il rapproche les ardoises, accroche le fermoir, et pose les ardoises sur mon épaule, contre mon oreille, dépassant ma joue gauche. Aussitôt nous entendons tous le bruit du crayon se promenant sur l'ardoise, comme s'il était conduit par une main qui écrive, puis deux coups frappés entre les ardoises invitent le médium à les ouvrir, ce qu'il fait ! On trouve sur un des côtés une ligne de caractères arabes ou chinois dont je n'ai pas la traduction, puis une phrase disant : « Vous avez beaucoup d'amis présents ce soir. » Le médium referme les ardoises en laissant la touche entre elles, puis les place contre ma poitrine. Aussitôt le bruit de l'écriture entre les ardoises recommence, puis les coups frappés succèdent ! On ouvre et l'on trouve sur l'autre ardoise cette phrase : « Votre ardoise est trop vernie pour que nous puissions en faire usage. »

On lit un peu plus loin dans la même lettre : « Cette fois, nous revenons avec des ardoises encadrées ordinaires, sans vernis et sans luxe... le médium prend les ardoises que j'ai apportées, les essuie sur les quatre faces, pose une touche sur l'une d'elles, la recouvre de l'autre ardoise et lie les deux ensemble avec la ficelle qui a servi à apporter les ardoises. Tout cela se fait sur la table, devant nous, sans que l'opération nous échappe un seul instant. Le médium place ensuite ces ardoises contre ma poitrine, en les tenant de la main droite par un coin, et aussitôt le bruit de l'écriture se fait entendre, et se perçoit d'une façon très caractérisée. Les lignes se succèdent les unes aux autres ; puis, on entend tracer une barre, et un changement s'opère dans la manière d'écrire ; un instant après, on tire une nouvelle barre, puis une troisième très accentuée, et chaque fois on entend mettre les points sur les *i* et ponctuer. Mais un changement complet d'écriture s'est opéré. On comprend qu'il ne se produit plus que des traits fortement caractérisés, sans liaison entre eux. Que sera cette écriture ? Est-ce de la gothique ? On écoute, on attend, mais on conçoit que l'écriture se fait à ce dernier moment avec une attention toute particulière. Les coups frappés annoncent enfin que la communication est terminée. On dénoue les ardoises et nous trouvons les deux surfaces intérieures couvertes d'écriture. Elles contiennent vingt et une lignes écrites dans le sens de la longueur des ardoises, sept lignes en français sur un passage de l'Evangile, cinq lignes en anglais sur ce que nous devons faire pour avoir ce genre de manifestations, six vers en langue néerlandaise sur les moissons, et trois lignes en grec, citation d'un passage de l'Evangile. Je crois devoir signaler ici que les personnes présentes à cette séance ne connaissaient ni le grec ni le néerlandais. »

Le même témoin écrit encore dans la même lettre : « Mme M... est invitée par le médium à prendre une ardoise, à mettre elle-même la touche dessus et à la tenir serrée contre la table; elle le fait sans le secours de personne. M. Slade n'in-

tervient que par deux ou trois passes faites à distance au-dessus du bras de Mme M... L'écriture se
produit aussitôt et donne cette phrase : « Nous faisons pour vous tout ce que nous pouvons. » ·Un
instant après, une ardoise est violemment arra-
chée des mains du médium et va tomber de l'autre
côté de la table, entre Mme M... et moi. Toutes les
mains étaient sur la table en ce moment, et elles y
restent formant la chaîne, quand, à notre grande
surprise, un instant après, l'ardoise qui est à nos
pieds s'élève d'elle-même en apparence et vient en pa-
pillonnant se reposer sur la table, entre mes mains. »

« Je néglige, dit encore l'écrivain, le récit de dix
autres faits tout aussi étranges, mais que le lecteur
pourrait attribuer à l'illusion. Dans ceux que j'ai
décrits, elle n'est pas possible. J'ai les ardoises
couvertes d'écriture en cinq langues, écriture obte-
nue dans l'étroit espace, complètement obscur,
compris entre deux ardoises tenues à environ huit
millimètres de distance l'une de l'autre, par l'épais-
seur du cadre de bois qui les entoure. »

« On peut donc, dit en terminant l'auteur, tant
qu'il y a participation musculaire des assistants,
attribuer les effets produits à des phénomènes bio-
logiques; mais il n'en est plus ainsi lorsque les
corps se meuvent sans aucune intervention des
spectateurs. Lorsqu'un simple petit morceau de
pierre écrit des pages entières sur l'ardoise dans
une boîte fermée, on ne peut, je pense, l'attribuer
qu'à la manifestation de forces extérieures,· et si
ces forces produisent des effets intelligents comme
ceux de la pensée écrite, il faut bien admettre la
présence d'une intelligence et d'un être invisible. »

33. — D'après une légende très connue des anciens du Palais de Paris, des avocats très dignes de foi, notamment M* S. ., de l'*Encyclopédie du Droit*, de S... et C.., ont raconté, d'après ce que leur avait dit M* S..., leur confrère, dont la sincérité n'a jamais été mise en doute, à la suite de quelles circonstances étranges il avait gagné un procès de succession qui l'inquiétait beaucoup. Il s'agissait, pour lui, d'établir qu'une somme importante, dont on réclamait le montant avait été acquittée. On était convaincu de la libération ; mais nul ne pouvait dire où se trouvait la quittance. Un matin, M* S..., assis à son bureau, réfléchissait à cette ruineuse affaire, lorsqu'une forme vaporeuse et blanchâtre se dessina devant ses yeux, prit bientôt l'apparence et le visage de sa fille morte depuis quelques années, et ce fantôme lui donna d'une voix très intelligible, avec le nom du notaire qui avait reçu la quittance, l'indication de la ville où résidait cet officier ministériel.

Il serait possible de nommer une famille qui, le jour même où son chef mourait à deux mille lieues d'elle, fut informée de ce malheur par une apparition portant le costume du pays lointain où se passait l'événement.

34. — Ne nous arrêtons pas toutefois à ces phénomènes encore rares, auditions de voix, mains lumineuses écrivant ou touchant du piano, et apparitions de personnages; les détails qui précèdent suffisent pour que chacun comprenne la possibilité d'une collaboration toute spirituelle et admette que sans cesser d'être raisonnable, un homme qui a vu et apprécié des faits de ce genre puisse être

convaincu qu'il s'est entretenu avec un être intelligent. Il est vrai que l'identité n'est jamais indiscutable ; mais il y a souvent tout lieu de croire que cet être intelligent qui se dit le frère, le parent ou l'ami de son interlocuteur, lui a réellement été attaché sur la terre par les liens qu'il a rappelés. La joie éprouvée de ces communications ne permet pas d'en douter.

Chacun peut se convaincre, en quelque sorte, par soi-même de la réalité des expériences qui constituent les modes de nos communications avec les êtres invisibles et intelligents qui se sont eux-mêmes appelés esprits rentrés dans la patrie céleste, après avoir eu qualité d'hommes, habité la terre ou d'autres sphères.

Il n'est guère de famille dans laquelle il ne se trouve un médium, c'est-à-dire une personne capable d'être le trait d'union rapprochant le monde visible de celui qui échappe à nos sens. Pour la découvrir, il suffit de quelques expériences. Chacun alors aura sous la main la preuve que le monde des âmes existe et recevra le conseil d'amour et de charité donné par celle qu'il aura évoquée.

35. — Vous qui n'avez rien essayé, pourquoi ne vous livreriez-vous pas aux études que d'autres ont tentées ? Pourquoi ne poursuivriez-vous pas la conviction qu'ils ont eu le bonheur d'obtenir et qui les a rendus meilleurs ? Mais utilisez le conseil qui vous est donné et agissez avec beaucoup de circonspection.

Si le monde invisible renferme ce qu'il y a de plus pur et de meilleur, il s'y rencontre aussi une multitude qui, temporairement ignorante et perverso, se plaît au mal. Chacun pouvant craindre d'être la dupe d'un interlocuteur méchant ou imparfait, il faut évoquer seulement des parents dont la sagesse et la bonté ne sont pas douteuses, s'assurer autant que possible de leur identité et n'admettre jamais leurs enseignements que sous le contrôle de la raison la plus sévère.

Il est bon encore, afin de se préserver de l'erreur, de ne pas procéder seul, mais d'agir en famille ou en réunion de plusieurs personnes clairvoyantes.

36. — Ainsi le premier initiateur du spiritisme est l'expérience démontrant la survivance des âmes par l'emploi de divers moyens nous permettant de communiquer avec les habitants du monde qui se dérobe à nos sens.

37. — On peut consulter sur tous les faits précis la *Revue des Deux-Mondes* du 15 janvier 1861, article de M. Littré; le journal *la France* des 24 février 1863 et 7 juin 1872; l'*Avenir national* du 5 octobre 1865; *le Progrès spiritualiste* des 15 avril et 1er mai 1867; le journal scientifique de Londres *Quaterly*, numéros de juillet à octobre 1871 et de janvier 1874; *la Revue de Psychologie expérimentale*, numéros 3 et suivants de 1874; la revue *la Religion Laïque*, numéros de novembre 1878 et suivants; la brochure de M. Girard de Caudemberg, pages 14, 19, 20, 24, 25, 34, 36, 78, 85 et 99; le livre de M. de Gasparin, t. I, p. 35, 41, 62 et 86, et t. II, p. 428; les Mémoires publiés en 1863 et 1866 par M. de Mirville *Sur les Manifestations historiques des Esprits dans l'antiquité profane et sacrée rapprochées des faits modernes; le Coup d'œil sur la Magie au XIX° siècle,* de M.

Badaud, et le livre de M. Jacolliot, *le Spiritisme dans le monde, l'initiation et les Sciences occultes dans l'Inde et chez tous les peuples de l'antiquité*, p. 131, 239 et suivantes, 280 et suivantes.

La Revue spirite publiée depuis 1858, le livre des esprits, celui des médiums et les autres ouvrages d'Allan Kardec contiennent sur les faits et la doctrine spirite les développements les plus étendus. C'est à ces derniers ouvrages que doit surtout recourir toute personne désireuse d'être complètement initiée au spiritisme.

Les personnages les plus considérables d'Amérique, et les savants les plus autorisés d'Europe ont fait connaître leur opinion sur les faits spirites ainsi que l'on peut s'en convaincre par la lecture du compte-rendu publié à la suite du Congrès spirite et spiritualiste international tenu à Paris du 9 au 16 septembre 1889. M. W. Crookes et sir Alfred Russell Wallace, deux des savants les plus considérés d'Angleterre, ont consigné le récit de leurs expériences scientifiquement conduites dans des livres qu'ils ont fait paraître, le premier sous le titre de : *Recherches sur le Spiritualisme*, et le second avec cet intitulé : *Les Miracles et le Moderne Spiritualisme*.

CHAPITRE DEUXIÈME

Justification du Spiritisme. — Son utilité.

38. — Les phénomènes spirites résolvent par l'expérience les questions les plus graves de l'ordre universel, et dans leur ensemble, ils constituent, sans contredit, le plus grand événement du siècle.

Le premier vase contenant de l'eau que l'homme a mis sur le feu, n'a pas été fermé sans que le couvercle fût soulevé, et cependant bien des milliers d'années se sont écoulées avant que de cette expérience de tous les jours un homme fît sortir le moteur puissant avec lequel nous franchissons l'espace et supprimons les distances. Pourquoi n'aurions-nous pas enfin remarqué ce que les brahmes enseignent depuis des siècles, et compris que la mobilité des objets du monde matériel fournit le moyen de communiquer avec les âmes, ainsi que d'arriver à la connaissance des lois qui régissent les intelligences, comme à la solution du problème de notre destinée.

Des esprits dans les meubles, quelle absurdité, dit-on ! Que ceux qui parlent de la sorte étudient, et ils pourront ensuite émettre leur opinion. Pas plus que nous les esprits ne sont dans les meubles. Ainsi que nous ils s'en servent et les meuvent.

39. — Dans l'antiquité, la communication des hommes avec le monde des êtres intelligents et invisibles donnait lieu à des études mystérieuses soigneusement cachées au vulgaire. Les spirites au contraire n'ont de secrets pour personne. Leur

langage est clair et loin d'exiger une foi aveugle, ils disent: examinez avant de croire.

40. — Leur doctrine repose sur des manifestations qui sont à la disposition de tout le monde, et qui sont produites dans tous les pays. Il s'agit de distinguer le positif, ainsi que de séparer le réel de l'imaginaire afin de détruire l'ignorance et la superstition.

41. — Il est des gens qui, par système, nient tout ce qui est nouveau. Pour eux, le Spiritisme est une chimère et une folie. Incrédules de parti-pris, ou incapables d'étude et d'attention, ils n'ont rien voulu voir.

42. — Il en est qui, sachant très bien à quoi s'en tenir sur la réalité des faits, combattent néanmoins le spiritisme pour des motifs d'intérêt personnel, et parce qu'ils ont peur des conséquences. Il en est que gêne sa morale contenant une censure trop sévère de leurs actes.

Nées de l'orgueil, de l'ambition, de l'égoïsme et de l'ignorance, ces causes d'opposition n'ont rien de sérieux; elles disparaîtront en peu d'années.

43. — La résistance des savants n'a plus de raison d'être, depuis que les plus illustres d'entre eux se sont expliqués, en publiant le résultat affirmatif de leurs études Elle est déjà moins vive. Les êtres intelligents ne se soumettent pas à l'expérimentation de la même manière que les corps inertes, mais la vérité sera vue de quiconque se pliera aux conditions spéciales de ce sujet d'études. La science n'a du reste rien à reprocher au spiritisme, car les esprits disent: Vous n'avez aucun moyen irrécusable de nous connaître, vous pouvez être trompés:

discutez ce qui vous est annoncé, examinez, et avant d'admettre, voyez si votre raison accepte.

44. — Les prêtres des diverses religions combattent les doctrines spirites. Libre à eux ; mais ils doivent en accepter le point de départ à peine de nier, avec l'existence des messagers extraterrestres, l'origine extramondaine de leurs propres doctrines et de montrer qu'ils n'ont rien vu du Spiritisme.

45. — A quoi bon le Spiritisme, disent certaines personnes, si sa morale n'est autre que celle de l'Evangile ? Que vaut une pareille objection quand la morale du Christ est si peu pratiquée ? Et puis en nous faisant toucher du doigt l'utilité de cette morale, le Spiritisme nous met dans la nécessité d'y conformer notre conduite.

Quoique la route du bien ait été montrée aux hommes, ils ne l'ont pas suivie. D'autres moyens de leur rappeler la loi qu'ils méconnaissent deviennent nécessaires. N'y a-t-il pas quelque chose de providentiel dans ces manifestations ? Elles apparaissent tout à coup et avec ensemble sur tous les points du globe. Elles se montrent quand, à la suite d'une ère de superstition et de fanatisme violent, un siècle d'incrédulité arrogante s'est écoulé ; elles se font voir au moment où le matérialisme triomphe bruyamment.

Ce n'est pas un seul homme, ce n'est pas un prophète qui nous parle : partout des avis sortent des meubles et des murs. Les invisibles nous instruisent de nos devoirs et nous rappelant notre immortalité, ils nous font connaître tout un monde d'êtres vivants qui nous entourent, nous touchent sans cesse, et à notre insu prennent part à tout ce que nous faisons.

Quelque temps encore, et tous admettront l'existence de ce monde d'où nous sommes venus, et dans lequel nous retournerons pour le quitter encore.

46. — Ceux qui ont étudié et qui ont vu ne sauraient nier les résultats produits par les communications qu'ils ont eues avec les esprits qui ont fa preuve de supériorité, ainsi qu'avec ceux qu'ils ont reconnus comme ayant été sur cette terre leurs compagnons d'exil.

Elles leur ont fait voir et comprendre la vie future, et en même temps la nature des récompenses et des peines qui nous attendent.

Elles ont montré les inévitables effets du mal et fait sentir la nécessité du bien.

Elles ont ramené au spiritualisme des gens qui ne voyaient en nous qu'une machine organisée.

Elles ont inspiré de meilleurs sentiments à bien des gens qui avaient failli.

Elles ont raffermi ceux qui étaient chancelants, et elles ont rendu les bons inébranlables dans leur foi.

47. — On essaierait vainement de soutenir que les communications doivent toutes être attribuées à des êtres malfaisants. D'une part, en effet, on ne saurait reconnaître aux mauvais esprits un pouvoir que les bons n'auraient pas, et, d'autre part, il faudrait supposer, sans égard pour la bonté de Dieu, qu'il fait tout pour perdre et rien pour sauver sa créature.

Que les catholiques en soient assurés, il y a de

bonnes comme de mauvaises communications.
Saint Paul l'a dit dès l'origine, et l'Eglise a bien
souvent tenu pour réelles les apparitions de la
Vierge et des Saints se faisant connaître à des
hommes et conversant avec eux.

Les biographes du jeune Bercius, gentilhomme
florentin, rapportent que, dès l'âge de sept ans, il
était assisté dans ses travaux par la Vierge, qui le
dirigeait, ainsi que fait un maître bienveillant à
l'égard de son élève. Au lieu de la Vierge, mettez
un esprit sympathique et bienveillant, et l'accord
sera fait entre tous.

Un Dominicain, auquel un de ses collègues,
Henri Suzo, avait promis des prières, se fit voir à
celui-ci et lui reprocha de ne pas tenir sa promesse,
ajoutant qu'il en avait bien besoin, afin d'apaiser
les vives souffrances qu'il éprouvait.

Edmond, depuis archevêque de Cantorbéry, alors
qu'il était enfant, fut un jour scandalisé par les
discours que ses camarades tenaient en sa présence,
et il s'éloigna d'eux. A ce moment, un personnage
lui apparut et lui témoigna qu'il approuvait sa conduite. Sur son observation qu'il ne le connaissait
pas, cet esprit fit resplendir le nom qu'il avait jadis
porté parmi les hommes, en l'écrivant sur son propre front.

La vocation de sainte Catherine de Gênes fut
décidée par l'apparition d'un esprit chargé d'une
croix et tout couvert de sang.

Suivant Cæsarius, au moment où, dans sa ville
natale, il n'était bruit que de la mort édifiante d'un
jeune homme de qualité, son fantôme fut vu par un
de ses amis, duquel il se fit entendre. « La douleur

par moi témoignée de mes fautes ne m'a pas profité, dit-il, parce que, dictée par la seule appréhen-
sion de la mort, elle n'a pas été déterminée par un
regret véritable des mauvaises actions que j'ai
commises. »

Le Dominicain Rasius raconte l'apparition d'une
mère venue, après sa mort, parler à sa fille de son
état de souffrance et des causes qui le motivent.

Sainte Marie-Madeleine de Pazzi étant un jour en
extase, disait voir les bienheureux, et parmi eux
Louis de Gonzague, et s'écriait de temps à autre : Je
n'aurais jamais cru que Louis, fils d'Ignace, fût
élevé à un aussi haut degré de gloire.

Le Père Saulger écrit avoir connu un solitaire
qui reçut la visite d'un grand nombre de personnes
mortes dans la contrée qu'il habitait. Elles venaient
se recommander à ses prières. « Ces apparitions,
ajoute le narrateur, furent si fréquentes et si
extraordinaires, qu'on aurait eu peine à y ajouter
foi, si la bonté et la solidité de l'esprit de ce solitaire, jointe à la sainteté d'une vie très austère,
n'eussent été une preuve de la vérité. »

Il est rapporté dans *la Vie des Pères du Désert*
qu'un jeune solitaire s'étant recommandé aux prières d'un des anciens, ce dernier le vit en songe,
assis dans sa cellule, se livrant à l'oisiveté au
milieu de mauvais esprits, qu'il considérait atten-
tivement sans se mettre en devoir de les éloigner
de lui. Il put, par suite, donner à son jeune ami des
conseils qui permirent à celui-ci de se délivrer de
cette pernicieuse compagnie.

Stanislas Kortska étant à Vienne et malade, se
trouva par mégarde dans une maison de luthériens.

Comme il ne pouvait obtenir le secours d'un prêtre catholique, le viatique lui fut apporté par deux personnages qu'il prit pour des anges. Le même Kortska étant à Dilligen et croyant être dans une église, se mit à prier dans un temple. Quand il reconnut son erreur, il s'en montra très affligé ; mais au même moment une troupe d'esprits radieux l'environna, et l'un d'eux, qui tenait l'Eucharistie, lui donna la communion.

Dans tous ces faits, il s'agit de communications survenues entre des hommes et des habitants du monde invisible, et à la suite desquelles ceux-ci ont été qualifiés selon le désir des interlocuteurs plutôt que suivant la réalité qui échappait à leur appréciation. L'Eglise admet ces apparitions comme venant d'êtres divins et comme utiles. Elle n'hésite pas à les attribuer soit à la Vierge, soit à tels saints qu'elle nomme bien qu'elle ne puisse s'assurer de leur identité.

Les Spirites, plus circonspects, ne voient partout que des manifestations d'âmes humaines, et ils n'attachent d'importance à cet événement qu'autant que la raison admet ce qui s'est dit et fait entre les formes apparues et ceux auxquels elles se sont communiquées.

48. — Quant à la divergence d'opinions qui peut exister sur certains points de la doctrine, on ne saurait en faire résulter une objection ayant quelque valeur. Le monde des esprits est encore plus varié que celui des hommes. La divergence est le résultat de la faiblesse intellectuelle ajoutant foi à des communications qui émanent d'esprits ignorants. Aussi le conseil de saint Paul a-t-il été

reproduit et a-t-il été recommandé de juger les Esprits à la pureté de leur enseignement. « N'oubliez point, a-t-il été dit, que parmi les Esprits il y en a qui n'ont pas encore dépouillé les idées de la vie terrestre. Sachez les distinguer à leur langage, jugez-les par l'ensemble de ce qu'ils disent ; voyez s'il y a enchaînement logique de leurs idées, si rien n'y décèle l'ignorance, l'orgueil ou la malveillance; enfin, si leurs paroles sont toujours empreintes du cachet de sagesse qui révèle la véritable supériorité... Il faut les leçons de l'expérience pour exercer votre jugement et vous faire avancer. L'unité se fera du côté où le bien n'a jamais été mélangé de mal : c'est de ce côté que les hommes se rallieront par la force des choses, car ils jugeront que là est la vérité. » (Livre des Esprits, p. 466).

La divergence des opinions émises par les esprits doit donc être prise comme un avertissement d'être prudents et attentifs, donné à ceux qui les consultent. C'est une preuve de plus de la vérité de cette règle que notre travail personnel est nécessaire, et que rien ne saurait nous en dispenser.

49. — « Assez longtemps, a dit un Esprit, les hommes se sont entre-déchirés et se sont renvoyés l'anathème au nom d'un dieu de paix et de miséricorde, et Dieu s'offense d'un tel sacrilège. Le spiritisme est le lien qui les unira un jour parce qu'il leur montrera où est la vérité, où est l'erreur, mais il y aura longtemps encore des Scribes et des Pharisiens qui le dénieront comme ils ont dénié le Christ. Voulez-vous donc savoir sous quelle influence sont les diverses sectes qui se partagent le monde ? Jugez-les à leurs œuvres et à leurs prin-

cipes. Jamais les bons esprits n'ont été les instiga-
teurs du mal ; jamais ils n'ont conseillé ni légitimé
le meurtre et la violence ; jamais ils n'ont excité
les haines de partis, ni la soif des richesses et des
honneurs, ni l'avidité des biens de la terre. » (Livre
des Esprits, p. 407).

50. — Le Spiritisme a donc dès à présent obtenu
d'importants résultats. Démontrant l'existence
ainsi que l'immortalité de l'âme, il ranime la foi en
l'avenir, relève les courages abattus et fait supporter avec résignation les vicissitudes de la vie ; c'est
là un bien incontestable.

Expliquant nombre de choses, s'adressant à la
raison, donnant une base à la charité, et consolant
le coupable auquel il montre le bonheur certain
après une lutte de plus en plus facile, le Spiritisme
vaut mieux que toute doctrine qui niant la survivance de l'âme ne saurait rien expliquer, et qui
tuant la conscience ainsi que le sentiment du
devoir, sanctionne l'égoïsme et anéantit toute espérance.

51. — Le progrès de l'humanité est, disent les
spirites, attaché à l'application des lois de justice,
d'amour et de charité. Il suit de près l'amélioration personnelle réalisée dans chaque conscience.
L'homme peut, selon eux, juger par la comparaison des âges et des peuples combien sa condition gagne à mesure que chacun étant moins
vicieux, ces deux lois mieux comprises sont plus
généralement mises en pratique. Partiellement
appliquées, elles ont produit un bien réel. Deve-
nues la base de tous les actes des hommes et de
toutes leurs institutions, elles feront surgir un pro-

grès immense. Un pareil résultat n'a rien d'impossible. Chacun, en devenant meilleur, a droit à de
meilleurs compagnons. L'homme a fait dix pas, il
en peut bien faire vingt et plus.

Les peuples se rapprochent. Ils se donnent la
main d'un bout à l'autre du monde; une plus grande
justice préside aux rapports internationaux. Les
guerres sont moins cruelles. L'uniformité s'établit
dans les relations : les distinctions de races et de
castes s'effacent, et les hommes de croyances différentes feront taire leurs préjugés de sectes pour se
confondre dans l'adoration d'un seul Dieu.

Le mouvement progressif est incontestable, et
dès lors sa continuation dans l'avenir ne saurait
être douteuse. L'homme veut être heureux, et il ne
cherche le progrès que pour augmenter la somme
de son bonheur. Quand il possède les jouissances
matérielles que procure le progrès intellectuel, il
veut se les assurer par la sécurité que donne seul
le progrès moral, et alors celui-ci vient nécessairement.

52. — Par le spiritisme, l'humanité doit entrer
dans une ère nouvelle : celle du progrès moral qui
est la conséquence inévitable du progès intellectuel.
La phase de la curiosité provoquée par l'étrangeté
des phénomènes qui se sont produits a depuis
longtemps cédé la place à la période du raisonnement et de la philosophie, que suivra celle de la
pratique et des conséquences. Il y a lieu d'espérer
que l'application, actuellement restreinte, se géné-
ralisera dans les masses, qui en apprécieront les
bienfaits.

Le spiritisme a surtout progressé depuis qu'il

est mieux compris dans son essence intime. Il s'occupe du bonheur de l'homme, même en ce monde. Il rend heureux ceux qui le comprennent. Ce que nulle philosophie n'avait fait, il fournit une démonstration rationnelle des problèmes de l'avenir et procure à celui qui le connait le calme et la sécurité.

Le spiritisme est fort parce qu'il a pour objet Dieu et l'âme dans tous ses états, passé, présent et futur; parce qu'il montre la vie sur notre terre comme un accident malheureux de la vie de l'âme, comme un moyen de perfectionnement et comme le résultat tantôt de la nécessité, tantôt du libre arbitre; il est fort surtout parce qu'il montre l'avenir de peines ou de récompenses comme une conséquence naturelle de la vie corporelle et parce qu'enfin la raison la plus exigeante ne saurait rien trouver de contraire à la justice ni à la bonté de Dieu dans le tableau qu'il nous offre du sort du plus coupable auquel reste toujours l'espérance.

53. — Parmi ses adeptes, ceux qui s'efforcent d'en pratiquer la morale sont encore peu nombreux, mais ils finiront par dominer. Ce serait trop présumer de la nature humaine que d'attacher aux idées spirites l'espoir d'une transformation subite; mais on ne saurait le nier, le spiritisme donne la preuve irréfragable d'un monde extra-corporel, ce qui implique la survivance de l'individualité humaine et la négation du matérialisme. Ce résultat immédiat est une cause incontestable d'amélioration.

Pour ceux qui le comprennent, le spiritisme philosophique a de plus amples effets. Il montre la nécessité pour chacun d'une amélioration intellectuelle et morale. Il fait voir que ce perfectionnement, impossible dans la masse, s'il ne se fait pas en chaque individu, est obligatoire et s'accomplit dans une succession d'existences corporelles. Il fait comprendre l'utilité des efforts continus et du travail incessant sur soi-même, ainsi que les avantages du dévouement. Il révèle le principe et le mode d'action du libre arbitre, s'exerçant même quant au choix de la situation terrestre. Il apprend que la vie actuelle est la conséquence forcée de la vie passée, que par suite la plainte est inutile autant qu'injuste. Il procure, avec la certitude d'un état meilleur, dès qu'il est mérité, une indifférence de la vie qui fait accepter une mort nécessaire comme un événement plutôt heureux que redoutable, pourvu qu'il suive une vie bien employée. Il donne la résignation dans les vicissitudes de l'existence, car il a appris et répète : « *Souffre, ou tu recommenceras.* » Il procure le courage dans les afflictions et la force d'échapper au suicide en supportant les plus extrêmes malheurs, car l'invisible reprend : « Tu as choisi ou tu expies, et tu ne saurais échapper à la justice de Dieu. » Il donne la modération dans les désirs, car il entr'ouvre le ciel où tous les désirs sont satisfaits. Il inspire l'indulgence relativement aux défauts d'autrui et il excite à la pratique du bien sous toutes ses formes, car il appuie d'exemples ce précepte du Maître : « Pardonnez et l'on vous pardonnera ; aidez-vous les uns les autres ; le plus dévoué sera le préféré de notre Père. »

54. — La possibilité d'établir des rapports avec

les êtres qui lui sont chers offre au spirite une suprême consolation, et son horizon grandit jusqu'à l'infini. Le spectacle incessant de la vie d'outre-tombe lui permet d'en sonder les mystérieuses profondeurs. Ces résultats sont immenses, et les spirites estiment qu'il est du devoir pour chacun de répandre la doctrine qui les produit.

55. — L'intérêt général demande par les mêmes raisons le développement des idées spirites ; hostiles aux abus qui, nés de l'orgueil et de l'égoïsme, nuisent à la masse, elles sont profitables au grand nombre. Elles rassurent tous les droits, car elles apprennent aux hommes que le respect absolu des situations acquises et le dévouement sont les conditions de leurs progrès intellectuels et moraux, ainsi que de leurs avantages terrestres. Imposant la résignation comme une obéissance nécessaire aux décrets de la Providence dont elles nous révèlent la justice, et démontrant que nous ne saurions nous dérober à une situation choisie ou méritée, elles sont ainsi un gage d'ordre et de tranquillité d'autant meilleur, qu'il sera plus volontaire.

CHAPITRE TROISIÈME

Révélation et enseignement spirites, leur caractère absolument rationaliste. — Circonspection nécessaire.

56. — La révélation, c'est l'acte d'une intelligence extra-terrestre portant à la connaissance des hommes ce qu'ils ignorent. Quiconque raisonne, voit immédiatement que ce qui ressort de cet enseignement ne saurait être accepté, sans discussion, comme une vérité incontestable et qu'il faut apprécier la notion révélée aussi bien que la qualité du révélateur; mais qui contrôlera? Ce sera nécessairement celui qui devra se conduire lui-même ou diriger les autres en vertu de ce qu'il aura appris; ce seront également les disciples, ceux-ci fussent-ils réduits à la discussion du mandat du maître et de la fidélité de son récit.

Le croyant au pied de l'autel ne voit pas celui qui s'y fait entendre par un intermédiaire humain, et il demande au prêtre en quel nom il agit, et s'il est fidèle et véridique.

57. — La croyance à la vérité des choses révélées n'a pour ceux mêmes qui les promulgent d'autre base que le raisonnement. Loin de destituer l'intelligence de son exercice, l'acte révélateur en sollicite la mise en œuvre.

En présence d'une communication extra-terrestre, l'homme se trouve exactement dans la même situation qu'au cas où l'un de ses semblables lui parle d'une chose nouvelle pour lui.

58. — Tous les faits prétendus merveilleux sur

lesquels la foi se fonde, et s'appuient les religions, ressortent de témoignages humains. Nulle secte n'est dépourvue de légendes, et chacune d'elles proclame des faits surnaturels, sauf à les voir contester par les sectes rivales. Ici se montre nécessaire l'intervention de l'intelligence humaine.

Malheureusement, l'orgueil humain accourt et repousse la raison. Le premier témoin est tout prêt à dire que c'est Dieu lui-même qui s'est montré et fait entendre à lui, d'où cette prétention que ce qu'il raconte est hors de doute.

Là est le danger. Qu'importerait la source de l'idée nouvelle, si elle était acceptée comme discutable et susceptible d'être examinée, et la raison tôt ou tard en ferait justice, comme s'il ne s'agissait que d'une découverte purement humaine.

59. — Quoi qu'il en soit, il faut établir qu'une révélation a eu lieu, et qui doit faire cette preuve : l'homme qui allègue à l'égard de celui qui écoute. Il n'y a en présence que des hommes : l'un affirmant et les autres se trouvant en droit de demander des justifications.

Comment, dans quelles circonstances, sous quelle forme et par quel intermédiaire un être extra-terrestre s'est-il révélé ?

Tout est matière à controverse.

Une apparition s'est-elle montrée ? Une voix a-t-elle été entendue ? Ce sont des hommes qui ont dit : un être céleste a visité cette terre. Qui a déclaré, si ce n'est un de nous, la voix arrivée à mon oreille est celle de Dieu, le Verbe divin a frappé mes sens.

Toute parole entendue dans l'espace, tout son

venant à retentir dans l'air ne nous dicte pas l'ordre du Créateur ! L'origine prête à la contradiction, les premiers témoins n'ont pu que relater les faits. Le chrétien spécialement a besoin de toute sa circonspection pour ne pas confondre les accents du roi des Cieux avec les suggestions de ceux qu'il appelle le prince des ténèbres et ses suppôts.

Dès le début, pour tout croyant, l'alternative et le choix ; dès le premier pas, la nécessité du discernement, c'est-à-dire l'œuvre de l'intelligence et de la raison. Étendez au grand nombre, limitez à quelques-uns le droit de faire l'examen et de prendre une détermination, il faudra toujours que ce soient des hommes qui examinent et délibèrent, afin d'accepter d'abord et de prescrire ensuite.

De plus, il faut toujours que ceux qui acceptent de seconde main, et afin de pratiquer, contrôlent le messager et le message, ainsi que les circonstances extérieures et la teneur de ce qui en ressort.

Il n'en saurait être autrement. L'homme n'est pas une machine dont on dirige le mouvement : c'est un être raisonnable auquel on peut conseiller une direction, mais qui ne saurait échapper à sa loi, qui est de tracer lui-même et de frayer sous sa propre responsabilité la route qu'il entend suivre.

Ceci admis comme une vérité primordiale nécessaire, toute communication extra-humaine est utile et nulle n'est à craindre, car elle est discutable, et il faudra bien en extraire tôt ou tard la part de vérité qu'elle contient et rejeter la portion d'erreur qui a pu s'y trouver confondue. Qu'importe que tout un peuple ait lu sur un nuage lumineux : « Mort aux Philistins », comment est-il assez déraisonnable, irréfléchi, méchant et passionné pour se laisser entraîner à croire que Dieu puisse être honoré par le meurtre de ses créatures. Un fanatique insensé seul a pu dire : « Tuez toujours, Dieu connaît les siens. »

60. — Ainsi ce sont des hommes qui ont dit : Dieu a parlé. Ce sont des hommes qui sur le dire d'autres hommes ont admis que les premiers ne se trompaient pas ; mais où est la charte originale et sacrée sur laquelle sont écrits les enseignements donnés ?

Ce sont des hommes qui ont entendu ce qui fut proclamé, l'ont retenu selon leur mémoire et leur intelligence, et l'ont traduit ainsi qu'ils l'ont compris.

C'est de la sorte que le sens primitif a pu tout d'abord être faussé, et que le précepte a été transmis avec les altérations successives ajoutées par la tradition, comme par chaque transport dans une langue différente.

Qui du reste oserait affirmer la véracité de tous les témoins, ou la fidélité de tous les messagers ? Dans le nombre, chacun en convient, figurent de faux prophètes qui ont essayé de se faire accepter comme parlant au nom de Dieu, et il y en a qui ont réussi. Impossible donc de nous obliger à prendre, comme l'écho du Verbe divin, la voix de quiconque prétend parler en son nom. De la sorte, chacun de nous est incessamment en demeure de recourir à son entendement. Seul il a charge d'apprécier et d'accepter en connaissance de sa valeur propre le conseil qui marque réellement le but désigné par le Créateur aux efforts d'une nature progressive.

Quoi qu'il fasse, l'homme ne saurait abdiquer sa raison. Il ne saurait décliner sa responsabilité ni perdre le moyen de contrôle personnel qui la justifie.

61. — Les hommes n'agissent qu'en vertu de leurs convictions. Si elles s'accordent avec le vrai, l'action est bonne; mais qui possède la vérité? Dieu seul, c'est incontestable. *Sans lui point de vérité: elle n'est qu'en lui et par lui.* L'homme r'en peut être en possession qu'autant qu'il la lui communique. Il lui a, dans ce but, donné la raison qui selon le sage est « Dieu dans l'homme » et qui, bien consultée, est le miroir fidèle dans lequel se reflète la pensée divine; mais l'homme, au lieu de l'interroger dans le recueillement de sa conscience, laisse ses convoitises et ses passions obscurcir la précieuse image.

Tous les fondateurs de religions étaient tellement pénétrés de cette pensée que la vérité n'a que Dieu pour auteur, *qu'ils lui ont attribué tout ce qu'ils ont enseigné.* Cette attribution d'origine a fait leur force, mais elle a introduit un germe de mort dans leurs œuvres.

A la première erreur reconnue, tout périt. Manquant à la vérité sur un point, l'inspirateur du prophète a dû déchoir immédiatement de son rang; il n'a plus été dieu possible, et sa doctrine abandonnée de tous est tombée dans un discrédit absolu.

Dieu ne parle plus dans les temples de Memphis ni de Thèbes.

Il est muet sur les ruines de Delos, de Delphes, d'Ephèse et de Dodone.

Il n'écrit plus sur les livres sibyllins et les descendants des Fabius, des Scipions et de tous les illustres Romains rejetant cette pratique du Sénat, ne les consultent plus avant de prendre les résolutions qui intéressent l'État.

Hippocrate et Gallien allaient interroger Esculape dans son temple, et leurs livres contiennent certaines des réponses que la science moderne utilise sans s'inquiéter de leur provenance.

Nous autres, descendants des Celtes, nous n'allons plus à Karnack ni dans les autres enceintes mégalithiques demander à des druides qu'ils fassent intervenir le dieu par l'ordre et la puissance duquel ces monuments gigantesques ont été élevés. Impuissant à défendre nos aïeux contre César, ce dieu a vu déserter ses autels.

Pour nous, Mahomet est sans mandat, mais pour ses croyants il a écrit le livre « al Koran » sous la dictée de Dieu, et il a inséré dans les pages que sa main a tracées, bien des choses qu'il ignorait. Le jour où sur un point quelconque les mahométans seront forcés de reconnaître une erreur, ils perdront leurs illusions et ils rejetteront toute croyance.

62. — Un auteur hostile au spiritisme lui a procuré la meilleure des justifications. Il a écrit : « Supposons qu'à un certain jour plus ou moins rapproché des nôtres, on nous accorde loyalement la victoire ; que subjugués par cette grande voix du genre humain appelée par Cicéron une loi de la nature, nos rationalistes consentent enfin à s'incliner devant elle ; supposons en un mot que nos adversaires soient guéris subitement d'une cécité qui dure depuis bientôt trois siècles... nous aurons, il est vrai, gagné la moitié de notre procès, *en*

rendant l'invisible visible à tous les yeux ; mais il ne nous en restera pas moins à bien préciser non seulement la valeur relative de toutes *ces forces intelligentes entre elles, mais encore leur corrélation plus ou moins étroite avec la grande force divine qui leur a intimé ses ordres en leur donnant la vie.* Compromise par l'indignité de ces forces païennes, nos forces angéliques à leur tour seront tenues pour suspectes. On leur contestera leurs titres à une vérité exclusive, et l'on croira tout expliquer parce que tout sera confondu ».

L'auteur met alors ces paroles dans la bouche des rationalistes : « Nous nous rendons, il le faut bien ; nos pères du xviiie siècle étaient tout à la fois très sensés et très fous, très sensés en ne voulant reconnaître aucun caractère divin en ce que l'on appelait les *anges*, très fous en refusant de se rendre au témoignage humain qui nous montrait partout des *esprits*. C'était briser l'histoire et la rendre tout à fait inexplicable. Il nous suffit à nous de mettre à leur vraie place ces *esprits* pour que toute discussion sur le surnaturel soit finie et n'ait plus d'importance... Jehova n'était après tout qu'un dieu national comme les autres... C'est un point de vue tout nouveau que nous venons proposer, ou plutôt le plus admirable concordat philosophique qui ait paru jusqu'ici : l'*Histoire et la raison se réveillant un beau matin dans les bras l'une de l'autre et sauvées du même coup...* C'est là ce que l'on peut appeler la vraie fusion des xviiie et xixe siècles, dont le vingtième qui approche recueillera tous les fruits ». (M. de Mirville, *Action des Esprits dans l'Histoire*, t. iv, p. 329 et suiv.)

63. — Telle est effectivement la conclusion définitive à laquelle il faut aboutir. En prenant les exemples les plus éclatants que nous offrent les traditions recueillies dans les livres saints de l'antiquité,
on prouve historiquement que partout l'homme a
dû voir, juger, comprendre, admettre et retenir, et
que partout apparaît avec le témoignage humain le contrôle qu'il rend indispensable. Il n'est
pas certain seulement que nulle part on n'a vu
l'intelligence destituée de l'accomplissement de son
rôle, et que la nécessité d'examen subie par les
premiers témoins ou les premiers fidèles s'impose
à leurs successeurs, nous sommes conduits plus
loin, et il faut constater que ces prétendues vérités
dont on a si longtemps voulu imposer au monde
l'indiscutabilité, loin d'être des révélations émanant
de Dieu, sont des allégations provenant de créatures
supérieures ou inférieures à l'homme, et n'ont pas
d'autre valeur.

Si l'on tient compte du récit qui se trouve en tête
de la Genèse plus que de tout autre système relatif
à la production du monde écrit dans un livre quelconque de science ou de philosophie, c'est que nos
ancêtres en religion ont eu le pouvoir de persuader
à leurs contemporains et à tant de générations successives qu'il était l'œuvre de l'auteur de toute vérité ; mais l'auteur défaillant, l'œuvre reste seule
avec sa valeur propre et les savants sont autorisés
à la discuter tout entière.

64. — Le récit d'Adam devient discutable dès qu'il
n'est plus admissible que dieu soit intervenu.
Qu'importe qu'Adam ait supposé que la voix entendue fût celle de Dieu. Il lui était impossible de le

savoir, et par suite de l'affirmer. C'est par simple hypothèse qu'Adam a dit « Dieu m'a parlé ». Il l'a cru, d'accord, vous le croyez aussi : Qu'y faire ? Jugement de part et d'autre; mais comment ces choix, le sien et le vôtre, sont-ils dirigés ? Par l'intelligence : Cela suffit, et ici comme toujours la croyance a pour seul guide la raison, et pour seule base le motif que lui fournit l'entendement. Quoique nous fassions, nous ne saurions abdiquer notre personnalité. Dieu ne le veut pas. Il ne nous a donné que la raison pour tout moyen de choisir entre les inspirations de notre conscience et les suggestions de nos désirs matériels. Nous ne saurions rejeter sur qui ou sur quoi que ce soit une responsabilité qui nous incombe tout entière.

65. — Les histoires de tous les temps sont pleines d'apparitions et de colloques entre des hommes et des personnes extra-humaines. Les anciens croyaient que c'étaient tels ou tels de leurs dieux. Nul de nous ne le pense actuellement. Si l'entretien a eu lieu, c'est pour nous avec une de ces personnalités dégagées de la matière qu'Adam s'est entretenu, et il reste seulement à rechercher ce que ce dialogue renferme de vérité.

66. — On ne s'arrêterait pas plus au déluge de Noé, qu'on ne pense à celui de Deucalion, si l'on n'en avait fait, il y a des milliers d'années, un article de foi qui s'est transmis jusqu'à nous avec cette puissance.

Qu'importe qu'un homme du nom de Noé ait entendu une voix l'avertissant du déluge, et l'engageant à construire une maison de bois susceptible de flotter sur l'eau et dans laquelle il pourrait se réfugier avec les siens et ses animaux domestiques. La légende n'en est pas moins chargée d'une multitude d'erreurs, qui doivent être rejetées. A chaque grande période de transformation de la terre, la faune et la flore ont été suffisamment modifiées pour qu'il soit manifesté que l'intervention de Noé fut sans objet, eu égard à la facilité avec laquelle s'accomplit la renaissance des êtres. —

67. — Jehova se montre plusieurs fois à Abraham. C'est de lui qu'il reçoit l'ordre de quitter son pays et d'aller habiter la terre de Chanaan. Le fils de Tharé a la conviction d'avoir vu Dieu lui-même et de se conformer à son commandement.

Nous pouvons admettre avec Abraham qu'un être qui s'est dit Jehova lui est apparu et lui a donné des preuves de sa puissance ; mais nous ne saurions croire avec lui que Jehova soit le dieu unique et tout puissant. Abraham s'est guidé par l'appréciation qu'il a faite des actes et des paroles de Jehova. Il a usé de son intelligence et de son jugement. Nous serions inexcusables d'abdiquer notre raison.

Nous avons surtout à examiner ce que les enfants d'Abraham ont fait de son témoignage et ce qu'ils y ont ajouté. En quoi Jacob, qui trompe son père et dérobe les droits de son frère, en quoi les fils du premier qui vendent un de leurs frères et qui mettent à mort tout le peuple de Sichem, avec lequel ils viennent de contracter alliance, ont-ils mérité la faveur du tout puissant ?

Nulle instruction utile ne saurait sortir de ces entretiens tels qu'ils nous restent, tout pleins qu'ils sont de la convoitise du bien d'autrui.

68. — Personne ne croit à la divinité du dieu de Calchas, et cependant il promet aux Grecs de leur ouvrir le chemin de la mer s'ils lui sacrifient la fille d'un de leurs chefs. L'accord se fait, la victime est amenée à l'autel, mais au moment où Calchas s'apprête à l'immoler, une déesse emporte la victime qu'elle remplace par une biche.

Il n'y a pas de différence entre le dieu demandant au roi des rois la mort de sa fille et celui qui impose à Abraham le sacrifice d'Isaac. Les deux faits sont identiques et réclament une même appréciation.

69. -- Moïse discute avec la voix qui lui parle et ne se rend pas tout d'abord : il échoue dans une partie de sa mission et néanmoins il persiste. C'est qu'après examen de ce qu'il a vu et fait, il est arrivé à une conviction raisonnée. L'étude qui nous incombe à notre tour nous conduira certainement à une opinion différente de la sienne.

70. — Jehova n'est ni plus ni moins que Baal, Apollon ou Jupiter, ou tout autre Esprit se faisant connaître aux hommes. Ceux-ci ne pouvant les juger qu'à leurs œuvres ou à leurs discours, sont tenus d'user du seul moyen de contrôle que leur fournissent leur intelligence et leur raison.

71. — Prophètes anciens ou modernes, aucuns ne peuvent savoir pertinemment à qui attribuer la voix qui leur a parlé. Avec tous, il y a lieu d'examiner ce que cette voix leur a dit, et s'ils ont bien retenu et bien compris ce qu'ils ont entendu.

72. — Les sectateurs de Jéhova l'ont emporté sur ceux de Baal, mais Jupiter a donné aux Romains l'empire de la terre. Les croyants d'Allah tiennent l'Afrique et disputent l'Asie aux disciples de

Bouddha. Quand les hommes quitteront-ils les autels de ces dieux divers afin de n'adorer que le seul vrai Dieu sans nom, leur père et conservateur universel.

73. — La raison est, nous l'avons vu, le guide unique de la conviction. *En faisant l'homme intelligent, Dieu s'est retiré le pouvoir de diriger celui qui ne veut pas obéir, comme les moyens de le décharger d'une responsabilité qui lui incombe tout entière.*

L'homme ne saurait cependant se croire abandonné à ses seules forces : Il ne *l'a jamais été, et en ce moment il l'est moins que jamais : ses frères de l'espace le soutiennent.*

A ceux qui disent avec Abner :

L'arche sainte est muette et ne rend plus d'oracles,

Joad pourrait encore répondre :

Et quel temps fut jamais si fertile en miracles ?
Quand Dieu par plus d'effets montra-t-il son pouvoir ?
Auras-tu donc toujours des yeux pour ne point voir,
Peuple ingrat ? Quoi ! toujours les plus grandes merveilles,
Sans ébranler ton cœur frapperont tes oreilles !
Faut-il, Abner, faut-il vous rappeler le cours,
Des prodiges fameux accomplis en nos jours.
. . . .
Reconnaissez, Abner, à ces traits éclatants,
Un dieu tel aujourd'hui qu'il fut dans tous les temps ;
Il sait quand il lui plaît faire éclater sa gloire,
Et son peuple est toujours présent à sa mémoire.

Mais les enseignements étant appropriés à l'état des esprits et des civilisations, il n'est permis à personne d'imposer aux générations actuelles, ce qui, dit aux générations primitives, a été transmis aux suivantes par leurs devancières, non dans son texte, mais tel qu'il a été compris, traduit et commenté par une succession de témoins. Il ne faut pas que ces enseignements obscurcis par une longue suite de siècles empêchent de reconnaître et de comprendre ceux qui, faits pour nous, doivent être préférés.

74. — Toutes les manifestations d'esprits analogues à celles qui se produisaient depuis les temps les plus reculés constituent autant de révélations, et ces êtres extra-humains, visibles ou non, qui s'y livrent, sont autant de révélateurs. Gardons-nous d'en faire des dieux ou des anges ; mais retenons de nos rapports avec eux cette double vérité, la continuité de la vie et la possibilité de communication entre celui qui part et ceux qui restent.

Pourquoi jusqu'ici ces vérités n'ont-elles pas été acceptées ? C'est que les manifestations des esprits furent regardées comme des faits extraordinaires et surnaturels, tandis qu'elles sont un fait incessant et universel.

Des philosophies anciennes, des théogonies primitives ont admis, et à cette heure des peuples entiers pratiquent journellement ce fait du mélange des présents et des futurs et de la vie se succédant à elle-même. On comprendra quand on voudra voir en lui le plus actif dissolvant de l'orgueil et de l'égoïsme par l'enseignement appliqué de l'égalité et de l'adelphie absolues.

Qui n'aimera son prochain comme soi-même quand il admettra la communion actuelle et successive de tous avec tous, et avec chacun sans distinction de culte ni de patrie, et dans toutes les situations intellectuelles et matérielles aussi bien que dans toutes les conditions sociales et nationales.

S'il est besoin, les signes seront plus éclatants et nonobstant les résistances, tous les yeux s'ouvriront à la lumière, toutes les intelligences seront illuminées par la vérité, et tous les cœurs se pénétrant d'amour, le progrès poursuivra de pacifiques conquêtes sans que sa marche régulière soit compromise par la force et la violence dans des sociétés composées d'hommes qui, possédant plus de science et plus de sagesse, useront mieux de leur liberté.

75. — Le spirite se dit en relations par ses médiums avec tous les êtres intelligents et individuels qui en masses innombrables peuplent l'espace. Il a pour inspirateurs, *sauf* à lui à choisir selon son discernement, ceux qui pour les anciens furent des dieux, des demi-dieux, des héros, des ombres, des fantômes, des spectres, des manes, des lares, des lemures et des larves, ceux que les peuples connurent sous bien des noms divers, pradjapatis, pitris, pisatchas, eons, cabires, férouers, dweds, djinns, fées, lutins, farfadets et autres, ceux qui répondirent par les voix des pythies, des pythonisses et des sibylles, comme par des voix paraissant sortir des arbres, des sources, des pierres, des cavernes et des simulacres sacrés, ceux en qui les Indous, les Egyptiens, les Chaldéens, les Hébreux et les Druides révérèrent les âmes des ancêtres, ceux dont les Mahatmas, Pouharitas, Yoguis, Fakirs et autres initiés de l'Inde et du Thibet se disent les intermédiaires,

ceux dont faisaient partie la nymphe à qui Numa dut les lois qu'il promulgua, le démon familier conversant avec Socrate, ainsi que les saintes dont les voix furent entendues par la bergère de Domremy, ceux qui font des prodiges pour les brahmes de l'Inde et les lamas du Thibet, ceux qui en firent pour les Thaumaturges, magiciens et nécromanciens de toutes les époques et ceux qui, pour les sorciers, étaient le diable auquel ils se donnaient.

76. — Le spiritisme poursuit la superstition et avec lui la révélation est sans danger. *Rien, selon le spirite, n'est en dehors de la loi divine et naturelle.* Il soumet tout au contrôle de l'expérience et du raisonnement. Il aspire à déterminer, avec la loi en vertu de laquelle chaque fait se réalise, les règles en dehors desquelles il ne saurait se présenter.

La révélation est utile et toujours sans danger. *L'identité du révélateur échappant à toute preuve, sa parole est soumise à toutes les controverses, soit quant à son origine, soit quant à sa teneur.* Susceptible de contenir un conseil, elle ne saurait intimer un ordre qui dispense l'homme de remplir son rôle nécessaire, de personne libre et responsable, rôle qui est de faire œuvre d'intelligence et de jugement.

Le spiritisme s'appuie sur la seule raison restituée à sa fonction essentielle même dans les choses extra-terrestres. Il contient la preuve de l'égalité native des esprits, *Séraphins ou Kaladits*, et en même temps celle de leur différence temporaire. Celle-ci est destinée à disparaître à la condition, par les derniers, de travailler et de progresser en intelligence ainsi qu'en moralité dans les états successifs, corporels ou non, qu'il est donné à chacun de parcourir dans la continuité de son existence immortelle.

77. — Saint Jean avait dit : « Mes bien aimés, ne croyez pas à tout esprit ; mais examinez s'il est de Dieu. » *Le spiritisme insiste sur ce conseil trop oublié.* Il répète à ses adeptes que dans aucune circonstance de la vie, l'homme ne doit abdiquer son libre arbitre, ni son intelligence ; qu'il ne saurait accepter ce qu'il juge absurde, et que jamais il ne doit jurer par la parole d'un maitre quel qu'il soit.

S'il est nécessaire que nous suivions cette règle de conduite dans nos rapports entre hommes et quand nous avons tous les moyens de nous juger les uns les autres, le spirite comprend que bien plus impérieux est le besoin de réflexion dans ses rapports avec des êtres qu'il connait seulement par les paroles et les opinions qu'ils lui font parvenir. Aussi l'attention est-elle recommandée aux spirites par les esprits qui paraissent à beaucoup d'entre eux manifester les idées les plus saines et les plus justes sur les points qu'ils sont en état d'apprécier.

Tous comprendront que nous devons toujours être sur nos gardes, quand nous leur aurons dit que d'après ces mêmes interlocuteurs tenus pour véridiques, la diversité des états est plus grande encore parmi les esprits que parmi les hommes nos contemporains habitant comme nous la terre.

Faire connaitre cette diversité de valeur existant entre les esprits est le meilleur moyen de porter ceux qui liront ces lignes à réfléchir sur ce qui leur sera dit comme venant de la même origine, et de les engager à faire constamment usage de leurs facultés de connaître et de juger.

78. — Si tous les esprits peuvent atteindre la même situation, et si tous sont appelés à la science, ainsi qu'à la vertu, transitoirement ils se trouvent à des degrés très divers d'avancement. Une ligne absolue de démarcation ne saurait être tracée entre eux par rapport à ces degrés. Nulle division n'étant exacte, toute classification est arbitraire et, en fait, nulle limite ne sépare réellement la série indiquée comme précédente de celle qui la suivrait.

Telles sont les restrictions qu'il faut avoir présentes à la pensée quand on entend parler des classifications admises entre les esprits, et si par exemple on suppose qu'ils sont rangés en trois ordres: les ignorants, soit ceux qui sont indifférents au bien ou subissent l'influence des mauvaises passions; ceux qui sont arrivés au milieu de la route et dont le bien est la préoccupation, et les esprits parvenus à leur plus haut degré d'avancement.

79. — Dans les rangs des esprits *inférieurs*, avec ceux qui sont au point de départ commun, c'est-à-dire simples et ignorants, se trouvent les serviteurs de l'égoïsme, de l'orgueil et de toutes les passions et ceux qui, ne faisant ni bien ni mal, dénotent ainsi leur infériorité. Certains de ces esprits peuvent manifester quelque développement de l'intelligence, mais leurs idées et leurs sentiments n'ont rien d'élevé. Ils ont l'intuition de Dieu, mais ils ne le comprennent pas. Quand, à la suite d'un séjour

dans un monde corporel et délivrés des entraves de la chair, ils redeviennent esprits libres, la vue du bonheur des justes est pour certains une excitation au bien et pour d'autres un tourment qui leur cause toutes les angoisses de l'envie et de la haine.

80. — Il y a des *esprits méchants* qui ont fait le mal ou se préoccupent de le faire, qui donnent de perfides conseils, soufflent la discorde et la défiance, et s'ingénient à tromper. Ils s'attachent à ceux qui sont assez faibles pour céder à leurs suggestions. Ils seraient satisfaits de pouvoir les retarder. Ils tentent de les faire échouer dans les épreuves qu'ils subissent. Les peuples païens ont fait de ces esprits des divinités malfaisantes. Ce sont eux que les juifs et les chrétiens ont désignés sous le nom de démons.

81. — Ignorants, inconséquents et moqueurs, des *esprits légers* se plaisent à causer de petites peines et de petites joies, à faire des tracasseries, à induire malicieusement en erreur par des mystifications et des espiègleries. A cette classe appartiennent les esprits vulgairement désignés sous les noms de follets, lutins, gnomes et farfadets.

82. — Il y a les *esprits faux savants* qui peuvent posséder des connaissances assez étendues, mais ils affectent de savoir plus qu'ils ne savent en réalité. Ils montrent la présomption, l'orgueil, la jalousie et l'entêtement dont ils ne se sont pas dépouillés.

83. — Les *esprits perturbateurs* manifestent souvent leur présence par des effets sensibles et physiques, tels que les bruits inexpliqués et les mouvements ou déplacements de corps solides. On

reconnaît que ces phénomènes ne sont pas dus à une cause fortuite et physique quand ils présentent un caractère intentionnel et intelligent. Tous les esprits peuvent produire ces effets qui, en général, sont l'œuvre des esprits subalternes. Les esprits élevés se réservent de les accomplir eux-mêmes, selon les occasions, et dans un but de progrès.

84. — Il se rencontre encore des esprits qui, n'é-tant pas assez mauvais pour faire le mal, ne sont pas assez bons pour pratiquer le bien ; ils penchent autant vers l'un que vers l'autre à l'occasion. Ils tiennent à la matière dont ils regrettent les joies grossières.

85. — *Bons, bienveillants, savants et sages,* les esprits que l'on range dans le second ordre ont vaincu la matière. Leurs qualités et leur pouvoir de faire le bien, dont le désir dirige leurs actes, sont en raison du degré auquel ils sont parvenus. Les uns ont la science, d'autres possèdent la sagesse et la bonté, et les plus avancés réunissent le savoir aux qualités morales : tous ont encore à progresser. Ils comprennent Dieu et l'Infini. Ils sont heureux s'ils font le bien et empêchent le mal. L'affection qui les unit entre eux est pour tous la source d'un bonheur ineffable que n'altère aucune mauvaise passion. Ils suscitent de bonnes pensées, détournent les hommes de la voie du mal, protègent dans la vie ceux qui s'en rendent dignes et neutralisent l'influence des esprits imparfaits chez ceux qui ne se plaisent point à la subir.

A cet ordre appartiennent les esprits désignés dans les croyances vulgaires sous les noms de génies protecteurs.

Dans les temps de superstition et d'ignorance, on en a fait des divinités bienfaisantes.

86. — Ceux dont la qualité dominante est la bonté se plaisent à rendre service et à protéger les esprits moins avancés; mais leur savoir étant borné et leur progrès s'étant accompli dans le sens moral plus que dans le sens intellectuel, ils ont à gagner sous ce dernier rapport. D'autres ont acquis des connaissances étendues. Ils se préoccupent moins des questions morales que des questions scientifiques, pour lesquelles ils ont plus d'aptitude; ils n'envisagent du reste la science qu'au point de vue de l'utilité générale et du dévouement sans mélange d'égoïsme ni d'aucune autre passion.

87. — Les *esprits sages* possèdent des qualités morales d'un ordre élevé en même temps qu'ils sont doués d'une vaste capacité intellectuelle.

88. — Dans le dernier ordre seraient, dit-on, les *esprits supérieurs ou purs esprits*, lesquels réunissent la science, la sagesse et la bonté, ceux dont les religions ont fait les séraphins, chérubins et autres messagers divins, ceux qui ont atteint la somme de perfections dont les esprits sont capables. Ils accomplissent la vie éternelle en rapport avec Dieu. Ils jouissent d'un bonheur inaltérable. Une oisiveté monotone passée dans une contemplation perpétuelle n'est pas leur partage; ils sont au contraire incessamment occupés. Ils se disent les envoyés et les ministres de Dieu, dont ils exécutent les ordres pour le maintien de l'harmonie universelle. Ils commandent à tous les esprits qui leur sont inférieurs, les aident à se perfectionner et leur distribuent leurs missions. Assister les hommes

dans leur détresse, les exciter au bien ou à l'expiation des fautes qui les éloignent de la félicité
suprême, voilà pour eux une autre et douce occu-
pation.

89. — Telle est la série des êtres qui, suivant ce
que les spirites ont entendu, se mettent, sous le
nom d'esprits, en rapport avec les hommes et se
font voir dans des circonstances exceptionnelles.
Les moyens à l'aide desquels ils se communiquent
sont loin de présenter toutes les facilités désirables;
l'erreur est possible, et la prudence est de toute
nécessité. S'il en était autrement, la science serait
trop facile à acquérir.

L'homme ne peut, d'après les spirites, remplir sa
mission qu'en s'instruisant par son travail personnel
et qu'en se moralisant à ses risques et périls. Là
est sa dignité, là est sa gloire. Soyons donc attentifs, et si les manifestations nous apprennent, à
n'en pas douter, que ceux qui nous quittent vivent
de la vie animique, qu'ils restent auprès de nous et
peuvent converser avec ceux qu'ils ont aimés, ne
leur demandons pas ce que nous devons acquérir
par nos efforts directs. Soyons circonspects et ne
croyons pas aveuglément. Ne demandons pas à la
voix qui nous parle de quel nom elle entend se
parer, mais examinons de près ce qu'elle nous dit.

Si les peuples de l'antiquité avaient suivi ces règles,
lorsqu'ils consultaient les oracles et les pythies, le
chêne de Dodone ou la statue de Memnon, ils
auraient su que parmi ces voix qui leur répon-
daient au nom de leurs dieux, d'Apollon, d'Hercule
ou d'Esculape, il y avait celles de mauvais esprits et
ils n'auraient pas exterminé leurs voisins convertis

en ennemis, sur la foi de promesses menteuses et de cessions de territoires répondant à leurs convoitises.

Si le roi des rois eût été capable de cette prudence, il n'aurait pas été aussi facilement trompé par Calchas. Prouve-moi, lui aurait-il dit simplement, que je dois cesser d'être homme par un meurtre; que bien que père je dois immoler Iphigénie et que je suis raisonnable en admettant un rapport entre le sacrifice de mon enfant et l'immobilité des flots, entre la mort d'un innocent et la colère de Neptune. A ces questions si simples et pleines de sens, l'esprit inspirateur du Médium grec se fût trouvé confondu; il aurait dû abdiquer toute prétention à la divinité.

CHAPITRE QUATRIÈME

Théodicée

Celui qui met un frein à la fureur des flots,
Sait aussi des méchants arrêter les complots.
Soumis avec respect, à ta Volonté Sainte,
O mon Dieu, je te crains, et n'ai point d'autre crainte.

90. — Dieu est l'intelligence, la vie et la puissance suprême, cause de tous les êtres et de toutes les choses.

91. — Il n'y a pas d'effet sans cause. L'univers existe, donc il a une cause. Il est harmonieux et décèle des combinaisons et des vues déterminées, donc cette cause est intelligente.

Le sentiment instinctif de l'humanité, celui qu'éprouve le sauvage aussi bien que l'homme civilisé, démontre également l'existence de Dieu.

Les principes de cause et d'harmonie conduisent la raison humaine à la notion absolue d'une cause supérieure et nécessaire. « Celui qui nie cette cause pour l'ensemble, n'a pas le droit d'assigner une cause à un fait particulier. Si vous dites : l'univers existe parce qu'il existe, il est inutile de rien chercher au-delà, l'homme ne vit plus qu'avec des faits, et rien ne l'assure de l'invariabilité des lois de la nature. » Agrouchada Paritchad, 24e dialogue cité par M. Jacolliot.

92. — Nous ne saurions comprendre la nature intime de Dieu, mais chacun de nous peut, en se perfectionnant, le mieux comprendre; quant à présent, il nous suffit de penser qu'infini en perfection, Dieu

est éternel, immuable, immatériel, unique, tout-puissant, souverainement juste et bon.

Éternel et infini, il n'a point eu de commencement et n'aura point de fin. Il est impossible que Dieu ne soit pas éternel puisqu'il est incréé et ne saurait être sorti du néant.

Il ne peut être sujet à aucun changement puisque les lois de l'univers doivent être stables, et qu'il n'est point de pouvoir supérieur au sien pouvant lui imposer des changements.

Il faut que Dieu soit immatériel pour qu'il ne soit pas soumis aux transformations inhérentes à la matière.

Il est unique, car l'unité de puissance est nécessaire à l'ordonnance du monde. Il faut de même qu'il soit tout-puissant et créateur sans rival.

On ne le comprend que juste et bon. Les plus petites, comme les plus grandes choses, proclament sa sagesse. Pour que Dieu soit au-dessus de tout, il faut qu'il ne comporte aucune imperfection.

93. — Dieu est distinct de son œuvre, comme la cause se distingue de l'effet.

94. — La conception d'un Dieu unique, être immatériel et sans forme déterminée, quoique agissant sur la matière, échappant à la plupart des hommes, ils prêtèrent à la divinité les attributs de la nature corporelle, c'est-à-dire une forme et une figure, et comme ils voyaient dans le monde une foule d'effets auxquels ils assignaient une cause supérieure à eux, ils admirent autant de divinités, c'est-à-dire de puissances créatrices qu'ils trouvaient de conséquences créées. Néanmoins à toutes les époques, ont été incarnés, même sur la terre, des esprits éclairés,

comprenant la nécessité d'une direction unique et supérieure et qui concevant un seul Dieu se sont efforcés d'amener leurs semblables à cette croyance.

95. — Adorer, c'est diriger sa pensée vers Dieu. Le sentiment de l'adoration est inné comme celui de l'existence de la divinité. Convaincu de sa faiblesse, l'homme se courbe devant celui qui peut le protéger.

Tous les peuples admettent un être suprême et lui rendent hommage.

96. — Songeons toujours qu'un père nous regarde. L'adoration extérieure est d'un bon exemple. Elle n'a de valeur qu'autant qu'elle est sincère. Dieu aime ceux qui l'adorent du fond du cœur, et qui s'efforçant de devenir meilleurs, font le bien et évitent le mal. La forme n'est rien. Tous les hommes, enfants d'un Dieu unique, sont frères. Leur père commun les appelle tous à lui.

Qu'importe que nous fassions profession d'adorer Dieu selon les préceptes du Christ, si nous sommes orgueilleux, envieux et jaloux, si durs et implacables pour autrui, nous sommes ambitieux des biens matériels. La religion est sur nos lèvres, elle n'est pas dans notre cœur.

Les hommes réunis par une pensée commune ont plus de force pour adorer Dieu.

97. — L'homme qui se consume dans la *méditation* et la *contemplation* ne fait rien de méritoire, il ne remplit pas son devoir qui est d'être utile à ses semblables. Il lui sera demandé compte du bien qu'il n'aura pas fait.

98. — La *prière* est agréable à Dieu, quand elle est faite avec foi, ferveur et sincérité. Celui qui prie

ne peut pas obtenir que ses épreuves soient chan-gées, mais il acquiert plus de force et de résigna-tion pour les subir, il est plus puissant contre les tentations de sa méchanceté, et Dieu lui envoie les bons Esprits pour l'assister. C'est un secours qui arrive toujours à celui qui le demande du fond de son cœur. L'essentiel est de bien prier, et de s'étu-dier afin de se corriger. Celui-là seul qui s'amende obtient son pardon.

La *prière pour autrui*, ardente et sincère, touche celui pour qui l'on prie, elle dispose les bons Esprits qui l'assistent à lui suggérer de bonnes pensées et à lui donner la force du corps et de l'âme. La prière pour les morts ne saurait produire l'effet de changer leur situation, car elle n'empêche pas le Créateur d'appliquer à toutes les actions de cha-cun la justice dont il est le type ; toutefois l'âme pour laquelle on prie peut en éprouver du soulagement. C'est ce qui a lieu si elle est accessible au sentiment de reconnaissance et d'affection que la prière pro-voque en elle à l'égard de celui dont elle a reçu cette preuve d'attachement ou de pitié. La prière peut de la sorte amener cette âme à se repentir et à faire ce qu'il faut, afin de mériter le pardon. C'est en ce sens que l'on peut abréger sa peine, en provo-quant chez elle la volonté de parvenir à ce résultat. Grâce à notre intervention, les bons esprits se rap-prochent de celui qui souffre. Ils l'excitent au bien, le consolent et lui donnent l'espérance. Jésus a prié pour les hommes égarés et nous a montré par là que nous serions coupables de négliger ceux qui ont besoin de notre aide. La prière adressée aux Esprits n'est utile que si elle est agréée par Dieu, maître de toutes choses, et sans la permission de qui rien ne se fait. Prions Dieu, les bons Esprits nous seront sympathiques et nous aideront.

99. — Dieu n'a jamais exigé des sacrifices sanglants. Il ne saurait être honoré par la destruction de sa propre créature. Faute de comprendre Dieu comme étant la source de la bonté, les hommes d'une certaine époque supposaient qu'un sacrifice devait lui plaire en raison du prix qu'ils attachaient eux-mêmes à l'objet sacrifié. Ils immolèrent par suite des animaux et jusqu'à des hommes dans des occasions solennelles. De semblables offrandes ne pouvaient être agréables à Dieu, quel que fût le sentiment de leurs auteurs.

> Quel fruit me revient-il de tous vos sacrifices ?
> Ai-je besoin du sang des boucs et des génisses ?

100. — Les guerres dites sacrées ne sont qu'une variété du *sacrifice humain*. Elles sont criminelles, car Dieu commande à tous les hommes de s'aimer comme des frères.

> Le ciel, le juste ciel, par le meurtre honoré,
> Du sang de l'innocence est-il donc altéré ?

Les peuples doivent s'éclairer les uns les autres. La force et la rigueur ne sont pas faites pour convaincre. La douceur et la persuasion seules doivent être employées.

101. — Faire le bien, soulager les pauvres et les affligés, voilà le meilleur moyen d'honorer Dieu.

CHAPITRE CINQUIÈME

Physique et Métaphysique

102. — A mesure que l'homme s'élève, son intelligence s'agrandit, et il comprend mieux. Il peut espérer qu'avec la permission de Dieu, il pénétrera quelques-uns des principes des choses.

103. — Dieu seul sait si de toute éternité il a existé des êtres créés ; toutefois on ne conçoit pas Dieu inactif.

L'*élément intelligent* est distinct de la matière, mais en s'y unissant il lui communique une action intelligente. Il n'est pas l'*âme* du monde ou de l'univers, en ce sens qu'il le dirigerait, ainsi que chaque âme dirige le corps auquel elle est attachée. Il n'a qu'une action spéciale et limitée.

La matière est l'instrument nécessaire à l'éducation des êtres intelligents. Elle existe à des états où elle est inappréciable pour nos sens et que nous ne connaissons pas.

104. — Le rôle d'intermédiaire entre l'élément intelligent et la matière proprement dite appartient au *fluide universel.* C'est par lui que le premier agit sur l'autre, et que celle-ci, cessant d'être en état de division, acquiert, avec la pesanteur, les propriétés qui en dérivent.

Ce fluide universel, primitif ou élémentaire, est susceptible de combinaisons diverses. Les fluides magnétique et électrique sont deux de ses variétés.

105. — Un seul élément compose la matière ;

les corps considérés comme simples en sont des transformations. Les *propriétés de la matière* découlent de modifications opérées dans l'arrangement des atomes élémentaires. La pesanteur n'est pas un attribut essentiel de la matière. Les saveurs, les odeurs, les couleurs, le son, les qualités salutaires ou les propriétés nuisibles des corps, procèdent d'une seule et même substance primitive. Les atomes élémentaires premiers ont une forme constante et invariable. Ce seraient, prétendent certains esprits, des tétraèdres réguliers : ils constituent en s'agglomérant tous les corps qui existent dans l'univers et toutes les formes que ces corps présentent. Toutes les qualités qui distinguent les corps sont les conséquences de cet arrangement, et la disposition appropriée de nos organes nous les rend perceptibles.

106. — La création se meut dans un espace *infini et illimité*. On se demande, en effet, ce qu'il y aurait au-delà de l'espace auquel on supposerait des limites. Sans s'expliquer comment cela est, on comprend cependant qu'il n'en puisse être autrement. Les astres ou mondes qui gravitent dans l'espace, les fluides qui le remplissent, enfin tous les êtres sont l'œuvre de Dieu, et constituent la création.

L'univers créé est le résultat de la volonté de Dieu. Il veut et sa volonté est une action qui se satisfait par une exécution immédiate. Il a dit « que la lumière soit et la lumière fut. »

107. — Les *mondes se forment* par la condensation de la matière disséminée dans l'espace. Les comètes sont des mondes en formation.

Dieu renouvelle les mondes comme les êtres vivants, et sur son ordre, la matière condensée se sépare et se répand de nouveau dans l'espace; seul, il sait le temps que les mondes doivent mettre à se constituer. Qui en nombrera les siècles.

108. — L'espace est rempli de mondes qui sont habités; Dieu approprie leur constitution à celle des êtres auxquels il les destine. *La terre est un pauvre séjour, et son état physique suffit à prouver que, réservée à l'habitation d'êtres ignorants, qui sortent à peine des derniers rangs, elle attend des coupables châtiés pour leurs méfaits précédents, et auxquels un travail d'amendement est imposé.*

109. — Au commencement de chaque monde tout semble chaos et confusion. Peu à peu chaque chose prend sa place et les *êtres vivants*, qui conviennent à l'état de chaque globe, y paraissent.

Ainsi les germes des êtres destinés à peupler la terre y furent déposés dès l'origine. Ils y restèrent enfouis jusqu'au moment propice. Chaque espèce s'est formée et développée à son heure, *l'espèce humaine, en tant que physique et animale,* comme les autres. C'est ce qui a fait dire que l'homme avait été formé du limon de la terre. Si la production spontanée a été arrêtée, c'est que chaque espèce, répandue sur la terre, a absorbé les éléments propres à sa formation, et ceux-ci ont été dès lors transmis uniquement selon les règles plus faciles assignées à la reproduction de chaque sorte d'être.

La *diversité des types* humains peut provenir de ce que l'homme a pris naissance à plusieurs

époques et sur divers points du globe. Le climat,
le genre de vie et les habitudes entretiennent les
différences. Cela ne doit pas empêcher les hommes
de se traiter en frères. Ils se ressemblent par leur
âme plus que par leur corps. Le Père commun
assigne le même but à tous ses enfants. Il leur impose les mêmes devoirs et leur promet la même
récompense au bout de la carrière, quels que
soient les accidents de la route et le nombre des
étapes.

110. — C'est la même force qui unit la matière
dans tous les êtres. La loi est la même pour tous,
homme physique, animaux et plantes ; elle est encore la même pour les êtres inorganiques. Par son
union avec le *principe vital*, la matière est animalisée dans les animaux et vivifiée dans les
plantes. Les êtres organiques vivent en absorbant
et en s'assimilant cette substance, qui est une des
transformations du fluide universel. Tous les êtres
vivent par le même principe dont les effets se mul-
tiplient selon les organes qui l'utilisent.

111. — Le jeu des organes entretient la vie, leur
épuisement entraîne *la mort*. Le cœur est une
machine de vie ; c'est un organe essentiel, mais
il n'est pas le seul.

A la mort, la matière se désagrège pour servir
à la constitution de nouveaux êtres ; le principe
vital se fond dans la masse.

112. — Le principe vital communique aux êtres
la vie et non l'intelligence. Les plantes vivent.
Elles ne pensent pas. L'intelligence n'apparaît dans
les corps organisés qu'au moment où le principe
intelligent s'unit à la matière animalisée. Il n'y a

pas précisément de limite entre l'*instinct* et l'*intelligence*; il n'y a que gradation. Par l'instinct et sans le raisonnement, tous les êtres pourvoient à leurs besoins. L'intelligence permet la combinaison; elle donne à l'homme le libre arbitre.

Les animaux ont en eux un principe indépendant de la matière et qui survit au corps. Tout s'enchaîne par des liens que l'homme ne peut saisir; tout dans la nature s'harmonise par des lois générales dont la connaissance nous échappe, mais dont nous entrevoyons la sagesse et la sublimité.

Dans les mondes supérieurs, les animaux sont plus avancés et ils possèdent des moyens de communication plus développés. Ils sont pour les habitants de ces mondes des auxiliaires intelligents; ils ne possèdent néanmoins ni le libre arbitre ni la conscience. Ils ont progressé par le seul effet de la force d'ascension que le pouvoir créateur a mise dans ses œuvres.

CHAPITRE SIXIÈME

Ames et Esprits. — **Leur progression par la vie alternativement corporelle ou erratique.** — **Unité d'existence et succession d'états divers.**

113. — En dehors de l'élément intelligent universel d'où ils viennent, sont les êtres qui possèdent, avec l'intelligence, une individualité propre. Unis à des corps, ils peuplent les mondes matériels ; libres, ils peuplent l'espace universel. L'être intelligent est, à proprement parler, l'*âme* ou substance pensante, et l'on réserve plus spécialement la désignation d'*esprit* à l'être formé par la réunion de l'*âme* et de son enveloppe fluidique ou *périsprit*.

Les âmes sont les créatures et les enfants de Dieu.

Le temps et le mode de création de chaque âme sont des faits incompréhensibles, aussi bien que le temps et le mode de production de l'élément intelligent universel.

L'âme est quelque chose d'indéfinissable. Sa nature et sa substance ne peuvent être expliquées faute de termes de comparaison. Bien qu'elle ait eu un commencement, l'âme conserve à tout jamais son individualité : elle ne finit point, elle est immortelle.

Les âmes ou esprits constituent un monde distinct de l'univers physique. Puissances dans la nature, Dieu s'en sert comme d'instruments pour accomplir ses vues providentielles. Les plus avancées parcourent l'immensité ; les autres sont retenues dans des systèmes planétaires particuliers dont elles ne peuvent s'éloigner.

114. — Une forme finie limite les âmes ou esprits. Leur beauté dépend de leur état d'avancement. Ils se transportent d'un lieu à un autre avec la rapidité de la pensée. Ils peuvent à leur gré, et aussi eu égard à leurs *facultés* plus ou moins complètes, se rendre compte de la distance parcourue, ainsi que des espaces traversés, ou les effacer complètement. Ils pénètrent tout : la matière ne leur fait pas obstacle. Chaque âme est un centre qui rayonne de différents côtés ; mais la puissance du rayonnement, très différente pour chacune d'elles, s'étend à mesure qu'elles approchent de la supériorité qu'il leur est donné de conquérir.

115. — Une substance spéciale que fournit le fluide universel, dont une portion est attachée à chaque globe, environne l'âme de laquelle dépend la vie intellectuelle. C'est à cette enveloppe que l'on a donné le nom de *périsprit*. Elle sert de lien entre l'âme et le corps. Elle est susceptible de prendre bien des formes, et quand l'âme est libre de l'incarnation, elle lui sert à apparaître comme esprit et à se rendre perceptible à la vue, ainsi qu'au toucher.

116. — *Les individualités intelligentes* sont créées toutes en vue du même état de supériorité qu'elles peuvent toutes conquérir ; transitoirement, elles se trouvent à des degrés très divers d'ignorance, de science ou de bonté.

Quant à leur substance intime, les âmes ne

diffèrent aucunement les unes des autres. Intrin-
sèquement, elles sont identiques.

Quant à leur essence ou à leurs qualités, elles
sont toutes créées *simples et ignorantes*, avec
les mêmes aptitudes intellectuelles et morales.
Elles peuvent toutes, en acquérant la science et la
sagesse, ainsi que la bonté, arriver au premier
rang. *Elles progressent* en passant par les *existences* que Dieu leur assigne. Celles qui vivent
avec soumission arrivent sans péripétie douloureuse ni misère au but de leur destinée. Celles qui
résistent, murmurent ou s'arrêtent, sont, par leur
faute et tant que dure leur inconduite, privées de
la félicité promise à toutes. La vie de l'homme est
bornée, tandis que celle de l'âme s'étend d'une manière indéfinie. Un père juste et miséricordieux
n'impose pas à ses enfants un exil éternel, et Dieu
est le père des âmes. Loin de déshériter aucun de
ses enfants, il les appelle tous à lui. Ils arrivent
plus ou moins vite, selon leur désir, et plus ou
moins facilement, selon leur soumission à sa volonté : chacun est traité suivant ses œuvres.

La diversité de direction des âmes ne saurait
déranger les desseins formés par la Providence
pour l'harmonie de l'Univers ; elle atteste l'indépendance de leur personnalité. Toutes partent du
même point et reçoivent les mêmes secours. Si les
unes suivent la voie du bien et les autres la route
du mal, c'est l'effet de leur libre arbitre. Toutes
agissent d'après leur volonté propre. Le libre arbitre
se développe à mesure que l'âme, acquérant plus
d'intelligence, est mise à même de savoir mieux
distinguer le bien du mal et devient plus capable

de se conduire. *Sollicitée même par des influences qui sont hors d'elle, l'âme ne cède qu'en vertu de sa propre volonté.* Les influences mauvaises viennent des esprits imparfaits, qui cherchent à dominer celui qui lutte et veulent le faire succomber. Elles se font sentir tant que l'âme n'a pas pris assez d'empire sur elle-même pour que les méchants s'avouent vaincus et cessent de l'obséder.

Satan ne saurait être une réalité ; il est la personnification purement idéale de cette influence malfaisante.

Les bons esprits, et particulièrement l'Ange gardien, que Dieu a préposé à la direction de chaque âme, neutralisent, par leur intervention, l'influence des méchants et lui assurent l'entière liberté de sa détermination.

117. — *Les chérubins, séraphins et autres* membres des phalanges célestes ne forment pas une catégorie d'âmes d'une nature particulière et distincte. Parties, comme les autres, de l'ignorance et de la simplicité, ces âmes doivent ce qu'elles sont aux efforts successifs qu'elles ont faits depuis une époque plus ou moins reculée. Elles sont arrivées par leur travail propre.

118. — C'est se tromper que de croire qu'il y a des *démons* ou êtres voués à tout jamais au mal. C'est méconnaître la justice de Dieu qui n'a pas créé des êtres pour les laisser éternellement coupables et les rendre à tout jamais malheureux. Ceux qui ont mésusé de leur liberté comprendront leur erreur et s'amenderont. Leurs fautes les auront retardés, mais elles ne seront point une cause permanente d'exclusion.

La puissance et la bonté de Dieu répugnent à une rébellion comme un châtiment perpétuels.

119. — Les individualités intelligentes doivent se former ; *elles doivent concourir à l'œuvre générale de la création.* Elles doivent également agir et travailler en vue de leur avancement particulier : elles en trouvent le moyen dans *l'incarnation* qui les soumet aux vicissitudes attachées aux existences corporelles. L'incarnation est, de plus, et selon les conditions ainsi que selon les mondes où elle se produit, une peine pour ceux qui n'ont pas profité d'une existence antérieure. Elle fournit encore aux âmes plus avancées le moyen de se rapprocher de celles qui commencent et dont elles ont mission de faciliter le progrès en leur apprenant à remplir leurs devoirs. Une suite nombreuse d'incarnations successives est nécessaire pour la formation et ensuite pour l'instruction et le perfectionnement de chaque âme ou esprit. Elles sont plus nombreuses pour ceux qui font peu d'efforts.

La période de l'humanité ne commence pas habituellement sur la terre, mais dans des mondes spéciaux. Les premières incarnations humaines ne sauraient laisser de trace dans le souvenir de l'âme encore peu impressionnable. Rien dans la nature ne se fait brusquement. Les premiers progrès s'accomplissent lentement, parce qu'ils ne sont pas encore fécondés par la volonté : ils prennent une allure plus rapide à mesure que l'être intelligent acquiert une conscience plus distincte de sa personnalité.

L'homme est un être à part, doué de facultés qui le distinguent de tous les autres. La période humanitaire commencée, l'incarnation de l'âme ne peut se faire que dans des corps humains. C'est par l'intermédiaire de cette espèce physique, et par elle seule, que l'âme doit arriver au développement intellectuel et moral dont elle est susceptible.

120. — Attachée à son périsprit, l'Ame est un des Esprits qui peuplent le monde spirituel. Unie à un corps humain, elle a revêtu momentanément une enveloppe charnelle, à l'aide de laquelle elle accomplit les fonctions dont l'incarnation est le moyen d'exécution. L'Ame agit à l'aide de son périsprit sur son corps vivant par l'effet du principe vital inhérent à celui-ci. Elle agit de même sur la matière. Elle reçoit, par l'intermédiaire du périsprit, les impressions que le corps et la matière lui transmettent.

L'Ame n'est pas absolument renfermée dans le corps, pas plus que dans son périsprit. Elle rayonne au dehors, comme ferait un objet lumineux au centre d'un globe de cristal, ou comme le son autour de l'instrument qui l'a produit. *Indivisible*, l'Ame ne peut avoir qu'un seul corps, et deux Ames ne sauraient être attachées en même temps à un même corps. Elle est complète chez l'enfant comme chez l'adulte ; seuls, les organes ou instruments de manifestation se développent et s'accroissent avec le temps. Elle n'a point, dans le corps, un siège particulier ; toutefois, on peut dire qu'elle réside plus particulièrement dans les organes qui servent aux manifestations intellectuelles. (Voir n° 105).

Quelques-uns nient, par orgueil, l'existence de l'Ame, que les sens ne peuvent saisir. Croyant tout savoir, ils se refusent à admettre que la nature ait quelque chose de caché pour eux, ou que leur entendement soit en défaut ; mais, peu convaincus pour la plupart, ils aspirent à une solution qui les détrompe.

121. — Quand le corps cesse de vivre, l'Esprit *retourne à la vie spirituelle*. Il rentre dans le monde des Ames, où il se retrouve avec son individualité, qu'il conserve toujours. Le périsprit l'environne, et le plus ordinairement affecte l'apparence de la dernière incarnation.

L'Esprit emporte de ses actes passés un souvenir soit doux, soit amer, selon l'emploi qu'il a fait de son temps. Les vivants ont la preuve de l'individualité de l'esprit après la mort par les rapports qu'ils conservent avec lui. Bien souvent une voix leur parle et leur révèle de la sorte un être en dehors d'eux.

L'individualité intelligente possède l'immortalité : les existences qu'elle accomplit dans des corps périssables sont transitoires. Un moment arrive où elle rentre pour toujours dans la vie spirituelle, c'est celui où toutes ses épreuves étant accomplies, elle a acquis toutes les qualités intellectuelles et morales dont elle est capable.

122. — Les approches de la mort peuvent être quelquefois une jouissance pour l'Ame qui sent arriver le *terme de l'exil*. Les liens qui la retenaient au corps se dénouent sans qu'il y ait nécessairement douleur, et la *séparation graduelle* se complète avec plus ou moins de promptitude, selon son état d'avancement. L'Esprit et le corps peuvent être définitivement désunis avant la cessation complète de la vie organique. Il est possible que pendant

l'agonie, l'Esprit soit déjà loin du corps. Celui-ci existe tant que les battements du cœur font circuler le sang dans les veines ; la présence de l'Esprit n'est pas nécessaire pour cela. Au moment où il sent les liens qui l'attachent au corps se détendre, l'Esprit peut faire tous ses efforts pour les rompre entièrement.

Au moment où il recouvre sa liberté, le juste est soulagé d'un grand poids, et il en jouit pleinement, car il ne craint aucun regard scrutateur.

L'arrivant est reçu par des Esprits qu'il a aimés sur la terre et qui sont partis avant lui. *Avec leur aide, il se dégage des liens de la matière.* Il en retrouve beaucoup qu'il avait perdus de vue pendant son existence corporelle. Il voit ceux qui sont dans le même monde que lui ; il va visiter ceux qui sont incarnés dans les mondes qui lui sont accessibles.

En quittant le corps, tous les Esprits n'ont pas immédiatement conscience de leur nouvelle position. Le *trouble* dans lequel ils se trouvent pour la plupart se prolonge plus ou moins longtemps, selon que chacun est plus ou moins avancé. Un esprit déjà purifié se reconnaît presque instantanément. Il s'est déjà pendant la vie du corps dégagé des liens de la matière dont l'homme charnel sent au contraire bien plus longtemps les attaches. Les Esprits convaincus d'être immortels se libèrent sans effort, avec moins de facilité toutefois que ceux auxquels la pratique constante du bien a fait un passé sans reproche.

123. — Tant que l'Ame n'a point touché le but, elle doit travailler à l'atteindre et subir l'épreuve

de *nouvelles existences corporelles.* Toutes les Ames reviennent ainsi nombre de fois, et reprennent successivement bien des corps. Chaque fois elles peuvent faire quelques pas dans la voie du progrès. Celui qui s'efforce d'avancer réduit le nombre nécessairement très grand des *réincarnations.*

124. — Un bon père laisse toujours à ses enfants, avec l'espoir du pardon, le moyen de l'obtenir. *Serait-il juste de priver à tout jamais du bonheur éternel tous ceux qui n'ont pu s'améliorer ?* Quel est celui qui, au terme de sa carrière, n'éprouve pas le regret de ne pouvoir profiter de l'expérience des derniers jours ? Son désir se trouve satisfait par avance ; Dieu n'a pas permis la perte de cette science tardive et sa bonté fournit à tous, avec une *nouvelle existence,* l'occasion de l'utiliser.

125. — Les Esprits accomplissent dans différents mondes, sur terre ou ailleurs, *leurs nombreuses incarnations.* L'Esprit peut habiter plusieurs fois dans le même monde s'il ne s'est pas mis en état de vivre parmi des hommes plus avancés. Il peut y revenir immédiatement ou après une existence corporelle passée dans un monde du même rang.

Pour arriver au bonheur suprême, qui est le but final de tous, l'Esprit n'a pas besoin de passer par tous les mondes, beaucoup sont au même degré et il n'y apprendrait rien de nouveau. Il peut occuper dans le même monde des positions différentes qui sont pour lui autant d'occasions de progresser.

126. — Quelquefois les Esprits viennent dans un monde relativement inférieur à celui où ils ont déjà vécu ; mais c'est qu'alors chargés d'une mis-

sion, ils veulent aider leurs frères à progresser.
Ils acceptent par dévouement et comme un moyen
d'avancer, les tribulations de ce mode d'existence
plus difficile.

127. — Ceux qui viennent à faillir dans leurs missions ou leurs épreuves terrestres mal employées
recommencent ces existences.

128. — La terre et les autres mondes ont pour
habitants des hommes parvenus à des degrés très
divers sous le double rapport de l'intelligence et de
la moralité. Les corps sont plus ou moins gros-
siers, selon le monde approprié lui-même au degré
général d'avancement de ceux qui l'habitent.

129. — Dans les mondes supérieurs, la matière
corporelle étant moins compacte, l'incarné jouit de
presque toutes les facultés d'esprit ; son état normal est analogue à celui des somnambules lucides.

130. — A chaque nouvelle incarnation dans un
monde quelconque, l'Esprit passe par une nouvelle enfance ; mais cette transition nécessaire pour
le préparer à la nature au milieu de laquelle il est
appelé à vivre, est plus ou moins prolongée selon
les mondes.

131. — Les différents mondes n'étant accessibles
pour eux que selon leur élévation, les Esprits n'ont
pas le choix du monde où se fait leur incarnation.
Toutefois, ils peuvent demander et obtenir, s'ils le
méritent, que leur épreuve s'accomplisse dans le
monde qu'ils préfèrent.

132. — Les *mondes* débutent par un état inférieur. Il en a été ainsi de la terre qui, à la suite de
bien des transformations, *deviendra un séjour
enviable.* La première condition est que les hommes

se soient améliorés. Les races qui la peuplent aujourd'hui remplacent des *races* plus grossières. Elles disparaîtront, et à leur tour celles qui leur auront succédé progresseront dans leur amélioration physique d'une manière proportionnelle à l'amélioration morale des êtres intelligents qui les animeront.

133. — Il y a des mondes où, cessant d'avoir un corps matériel, l'âme n'est plus enveloppée que d'un périsprit. Il y en a même dans lesquels celui-ci est tellement subtil, qu'il semble réduit à une forme. C'est alors l'état des purs Esprits. Il n'y a pas de démarcation tranchée entre l'état de pur Esprit et celui des dernières incarnations. La différence s'efface peu à peu. Elle devient insensible et enfin disparaît complètement.

Les purs Esprits habitent certains mondes, mais ils n'y sont pas confinés comme ceux que retiennent sur leurs globes les besoins de leurs corps pesants.

134. — La *substance du périsprit* n'est pas la même dans tous les mondes; elle y a plus ou moins de densité; elle est en rapport avec le monde et ses habitants. En passant d'un monde à l'autre, l'Esprit se revêt de la substance fluidique propre à chacun d'eux.

135. — *L'avancement des âmes se fait avec lenteur.* Elles ont aussi leur enfance. Elles n'ont d'abord qu'une existence quasi-instinctive. A peine ont-elles conscience d'elles-mêmes et de leurs actes. L'intelligence qui vient d'éclore fait l'apprentissage de la vie. Elle se développe peu à peu.

Le mot *métempsycose* ne définit pas une réalité. Avant qu'une individualité intelligente existe, un degré est nécessaire. Dès qu'il se trouve atteint, de la substance intelligente émerge un Esprit qui, arrivé à la période de l'humanité, ne retourne pas en arrière. Il y a entre ce qu'il est et ce qu'il fut une différence caractéristique.

136. — L'âme ne saurait en une seule incarnation, et quelle que soit sa conduite, franchir tous les degrés. Elle doit passer par d'autres existences corporelles. Ce que nous imaginons de mieux est loin de la réalité. Il y a des qualités qui nous sont inconnues et que nous ne saurions comprendre. L'individualité intelligente est tenue d'avancer en science aussi bien qu'en moralité. Bonne, elle n'atteindra le but qu'en devenant instruite. Il ne lui est pas donné de tout acquérir dans un seul monde ; mais plus elle profite, moins les *épreuves* suivantes sont longues. *Elles ne sont jamais pénibles pour qui n'a point démérité ; seul le méchant souffre et l'insouciant se trouve toujours au même point.*

137. — Les Esprits progressent ou sont stationnaires ; ils ne rétrogradent jamais. Ils peuvent alternativement et sans distinction occuper *tous les rangs et toutes les conditions sociales,* animer d'abord un chef d'État et ensuite un esclave.

Si, pensant qu'il aurait toujours la possibilité de s'améliorer dans une nouvelle existence, un Esprit persévère dans une mauvaise voie, cette erreur n'aura d'autre suite qu'une perte de temps. Il reviendra sans trop tarder à des idées plus justes. Il s'apercevra qu'il a fait un faux calcul et *alors il apportera un sentiment contraire dans une nouvelle existence.* C'est ainsi que s'accomplit le progrès. La pluralité des existences l'explique ; elle fait aussi comprendre comment il y a dans le même monde des Esprits intellectuellement plus avancés les uns que les autres ; les premiers ont une expérience que les seconds n'ont pas encore, mais ceux-ci l'acquerront plus tard. Il *dépend d'eux* d'activer leur progrès ou de le retarder.

138. — L'esprit d'un enfant mort en bas âge peut être plus avancé que celui de son père ou de tout autre adulte ; cela dépend du résultat de ses existences antérieures. Il n'est affranchi ni d'une nouvelle vie matérielle, ni de nouvelles épreuves s'il lui en reste à subir. La brièveté de son passage sur terre peut tenir à ce qu'il aurait à compléter une existence interrompue avant le temps. Elle est souvent une épreuve ou une expiation pour ses parents.

139. — Les sexes sont des conditions de l'existence corporelle. Les esprits s'unissent à des corps d'hommes ou de femmes indistinctement et selon les épreuves qu'ils choisissent ou qui leur sont imposées. L'amour et la sympathie des esprits entre eux sont fondés sur la similitude des sentiments.

140. — L'esprit est indivisible ; il est complet dans son unité individuelle. Il n'existe point d'union fatale et nécessaire entre les âmes. Les parents ne communiquent à leurs enfants que la vie organique. La succession des existences corporelles établit entre les esprits des liens qui remontent à leurs existences antérieures ; de là souvent des causes de sym-

pathie entre des personnes se croyant étrangères les unes aux autres. Les devoirs de fraternité se trouvent ainsi justifiés et facilités. Votre voisin, votre serviteur, tout homme peut être la réincarnation d'un proche ou d'un ami.

Les esprits ont de l'affection pour ceux auxquels les attachent les liens du sang. Les familles corporelles se forment de la réunion d'esprits attirés les uns vers les autres par des causes de sympathie nées ou continuées dans des relations antérieures.

On doit être heureux d'appartenir à une famille dans laquelle des esprits élevés se sont incarnés.

141. — Les parents transmettent à leurs enfants une ressemblance physique, mais ils ne peuvent leur communiquer une ressemblance morale. Celle-ci ne saurait naître de rapports matériels ou de consanguinité. Elle provient de ce que les esprits sont sympathiques et par suite attirés l'un vers l'autre.

142. — Les parents ont une très grande influence sur l'avenir de leurs enfants. C'est une mission pour eux de développer les facultés de ceux-ci par l'éducation : ils sont coupables d'y manquer. Un mauvais Esprit peut demander de bons parents, dans l'espoir que leur influence lui fera reprendre la bonne voie, et souvent Dieu le leur confie. De mauvais enfants sont une épreuve pour les parents. Il ne dépend pas d'eux de n'avoir que de bons enfants, même en le demandant.

143. — La *similitude de caractère* qui se voit entre frères, et surtout entre jumeaux, provient de ce que la sympathie a rapproché deux Esprits heureux de vivre l'un près de l'autre. Deux Esprits

pouvent également être rapprochés afin qu'ils aient à triompher de l'animosité qu'ils éprouvent l'un à l'égard de l'autre.

144. — L'Esprit conserve dans une nouvelle existence le caractère moral qu'il avait dans celle qui l'a précédée, et cela tant qu'il ne s'est pas amélioré et sauf la différence que peut apporter la modification des conditions sociales. Il ne conserve rien du physique de ses anciennes existences, mais par suite de son action sur la matière, il peut communiquer à son nouveau corps quelque chose de ce qu'ont eu les autres. La figure porte plus particulièrement l'empreinte de l'âme, et les yeux en sont l'image la plus fidèle. Telle personne laide plait parce qu'elle est l'enveloppe d'un Esprit doué de bonnes qualités, tandis que telle autre, quoique belle, inspire l'indifférence, si ce n'est la répulsion.

145. — L'homme conserve, dans la mesure du profit qu'il en peut tirer, le résumé des perceptions que son âme a eues et des connaissances qu'elle a acquises dans ses existences antérieures. Ce sont pour lui des *idées innées*. Le bénéfice des connaissances acquises dans chaque existence se conserve. L'Esprit, dégagé de la matière, s'en souvient toujours. Pendant l'incarnation, il oublie en partie et momentanément ce qu'il a fait ; mais l'intuition qui lui en reste suffit pour l'aider dans son développement. Sans cela, ce serait toujours à recommencer. A chaque existence nouvelle, l'Esprit part du point où il se trouve. Ces facultés qui semblent extraordinaires et qui permettent à des individus de tout apprendre avec une extrême facilité n'ont point d'autre cause : souvenir du passé, connais-

sance acquise, progrès antérieur ; elles ne peuvent être que cela.

Le sentiment instinctif de l'existence de Dieu, celui de la vie future, et l'idée du monde invisible que l'on retrouve chez tous les peuples, sont des *reminiscences* de ce que l'Esprit a su comme Esprit avant d'être incarné. Trop souvent, par malheur, l'orgueil efface ces précieux souvenirs, les préjugés terrestres les émoussent et l'ignorance y mêle la superstition.

146. — Les *peuples* sont de grandes familles où se rassemblent des Esprits sympathiques. La tendance qu'ont les membres de ces familles à s'unir est la source de la ressemblance qui existe dans *le caractère distinctif de chaque peuple.* Les Esprits sympathisent en masses ou individuellement. Ceux qui sont bons et humains ne recherchent pas un peuple dur et grossier, à moins qu'ils ne se dévouent à son avancement.

147. — Rarement l'âme qui vient de quitter un corps se hâte d'en reprendre un nouveau. Le plus souvent la réincarnation s'opère à des intervalles assez longs. L'Esprit *erre alors dans l'espace* qui lui est assigné. La durée qui sépare deux incarnations peut être une conséquence du libre arbitre de l'Esprit qui n'a pas fait choix d'un nouveau genre d'épreuve ; elle peut être prolongée à titre de peine.

Parmi ces Esprits, il y en a de tous les degrés. Ceux-là seuls n'ont plus à errer qui n'ayant plus besoin soit de subir une épreuve charnelle, soit de prêter plus longtemps leur concours à l'œuvre matérielle de la création, possèdent leur état définitif.

Les *Esprits errants* s'instruisent ; ils étudient leur passé, et cherchent les moyens de s'élever. Ils voient et ils observent ce qui se fait dans les lieux qu'ils parcourent ; ils reçoivent les avis des Esprits plus élevés qu'eux. Des idées qu'ils n'avaient pas leur sont communiquées, et en se corrigeant, ils se soustraient à l'empire des mauvaises passions dont ils ont conservé l'empreinte.

148. — Les Esprits peuvent, selon leur désir et leur volonté, s'améliorer beaucoup pendant l'erraticité ; mais il leur faut une existence corporelle pour la mise en pratique des idées qu'ils ont acquises.

Ils sont plus ou moins heureux, selon le point auquel ils sont arrivés. Les bons aspirent à la perfection, les mauvais souffrent de leurs passions et ils entrevoient ce qui leur a manqué pour être heureux. Hors d'état d'aller dans tous les mondes, ils restent à proximité de ceux où ils ont été incarnés. Quelquefois cependant, il leur est donné d'entrevoir certains mondes supérieurs et d'y paraître un moment. De là vient leur désir de posséder, avec la vertu, le droit de les habiter plus tard.

Quant aux Esprits supérieurs, ils visitent les mondes inférieurs. Ils ont pour mission de servir de guides et de directeurs à leurs habitants qu'ils aident à progresser.

149. — Il y a des mondes affectés aux Esprits errants. Ils s'y reposent quand leur état devient pénible. Voyageurs arrêtés le temps de reprendre des forces, ils les quittent à volonté. Ces mondes sont, temporairement et par transition, consacrés au repos des Esprits errants. Leur surface est sté-

rile, parce que leurs hôtes passagers n'ont besoin de rien, mais elle deviendra productive : ce sont des mondes en formation.

150. — Après la mort du corps, l'âme se retrouve dans l'état d'ignorance ou de science, de méchanceté ou de bonté, où elle s'est mise, l'état du dernier jour de la vie corporelle. Elle voit et embrasse à la fois la succession de ses existences ; mais elle ne saurait voir ce que Dieu lui prépare.

151. — Pour communiquer avec Dieu, il faut en être digne. Les Esprits inférieurs reçoivent ses ordres par l'intermédiaire d'Esprits qui leur sont supérieurs.

152. — La *vue* chez les Esprits n'est pas circonscrite comme dans les êtres corporels, elle réside en eux. Ils voient par eux-mêmes et n'ont pas besoin de la lumière extérieure : pour eux, point de ténèbres, hormis celles dans lesquelles ils peuvent se trouver par expiation. La vue de l'Esprit pénètre partout, rien ne l'obscurcit ; elle est plus ou moins étendue, selon la supériorité de l'Esprit.

153. — La *faculté d'entendre* est comme celle de voir, inhérente à l'Esprit. Il perçoit des sons qui ne peuvent être entendus à l'aide d'organes matériels. Toutes les *facultés de percevoir*, attributs de l'Esprit, font partie de son être, et ses sensations ne sont localisées qu'autant qu'il est attaché à un corps matériel dont il est tenu d'employer les organes.

154. — L'Esprit ne voit et n'entend que ce qu'il veut : toutefois, les Esprits inférieurs peuvent être forcés de voir et d'entendre ce qui peut servir à leur amélioration.

155. — Les Esprits jouissent, selon leur élévation, des merveilles de l'harmonie céleste et de la splendeur de l'ensemble des mondes.

Les meilleurs connaissent les besoins et les souffrances corporelles. Ceux qui les ont subies ne les éprouvent plus matériellement. Les coupables ont des angoisses morales qui les torturent plus douloureusement que les souffrances physiques.

156. — Dégagé du corps, l'Esprit peut souffrir, mais cette souffrance n'est pas celle du corps ; il n'est cependant pas affecté d'une souffrance exclusivement morale ; ce qu'il éprouve est un sentiment intime et plutôt un souvenir qu'une réalité. Il peut y avoir plus qu'un souvenir pendant quelque temps après la mort du corps, parce qu'alors l'influence de celui-ci persiste.

157. — Dans la Vie corporelle, la faculté de percevoir dépend de nos organes ; dans la Vie extra-corporelle, elle est de plus en plus grande à mesure que l'âme s'épure et que s'éclaircit l'enveloppe fluidique.

Nulle des perceptions malheureuses de la matière ne saurait atteindre le pur Esprit et il est à même de goûter les ineffables délices que Dieu réserve à ceux qui ont mérité de les connaître.

158. — Les *souffrances terrestres* sont le plus souvent une conséquence de notre passé, et indépendantes de nous. Beaucoup sont les conséquences immédiates de notre conduite actuelle. L'homme qui vivrait sobrement, qui n'abuserait de rien, qui serait toujours simple dans ses goûts et modeste dans ses désirs, cet homme s'épargnerait bien des tribulations. Les souffrances qu'endure l'Esprit sont

la suite et toujours la conséquence de sa conduite antérieure ou actuelle sur la terre : elles sont le résultat des liens qui l'attachent encore à la matière. Or, il dépend de lui de s'affranchir de cette influence. Il a son libre arbitre et par conséquent le choix entre faire et ne pas faire ; qu'il dompte ses passions animales, qu'il n'ait ni haine, ni envie, ni jalousie, ni orgueil ; qu'il ne soit pas dominé par l'égoïsme ; qu'il se purifie par les bons sentiments ; qu'il fasse le bien ; qu'il n'attache pas aux choses physiques plus d'importance qu'elles n'en doivent obtenir ; alors, malgré son enveloppe corporelle, il est déjà dégagé de la matière, et quand il se dépouille de son corps, il en laisse également l'influence.

Les souffrances physiques qu'il a éprouvées ont pris fin avec le corps, et le calme de sa conscience l'affranchit de toute souffrance morale. Ceux qui souffrent l'ont voulu, qu'ils s'accusent eux-mêmes et seuls.

Que l'homme se délivre de l'ignorance et de la malignité, et il se libèrera de la misère.

159. — Arrivé à un certain degré d'intelligence, l'esprit est admis à choisir lui-même le genre d'épreuves qu'il est appelé à subir.

Après avoir eu la liberté du choix, l'esprit a toute la responsabilité de ses actes et de leurs conséquences. Le bien est son œuvre ainsi que le mal. Vient-il à succomber, il lui reste une consolation, c'est que tout n'est pas fini et qu'il lui est permis de recommencer ce qu'il n'a pas bien fait.

160. — De ce que l'esprit a choisi le genre d'épreuves, il ne s'en suit pas qu'il ait prévu toutes les tribulations qu'il subira.

Les détails sont la suite de la position choisie ou la conséquence des actes accomplis. L'esprit sait qu'en choisissant tel genre de lutte, il rencontrera telle nature de vicissitudes. Il n'y a de prévu que les grands événements, ceux qui influent sur la destinée ; les événements accessoires naissent des circonstances. Quand on prend une route remplie d'ornières, on sait que l'on peut verser, mais on ne sait pas où la chute aura lieu, et l'on espère même l'éviter au moyen d'une extrême prudence.

161. — L'esprit qui a besoin de lutter contre la tendance au brigandage naîtra nécessairement au milieu de gens de mauvaise vie, car il faut bien qu'il soit envoyé là où il peut rencontrer l'épreuve qu'il doit affronter. Quand il n'y aura plus sur terre de gens de cette sorte, ces épreuves n'y seront plus possibles. Interdite aux mauvais esprits, la terre sera désormais un des mondes où le mal n'a pas d'accès.

162. — L'esprit peut prendre dès le début une route qui l'affranchisse des misères et des épreuves difficiles. Il y a des mondes où nul n'ayant jamais fait le mal, nul n'a jamais souffert (v. num. 116, 136 et 171).

163. — Au commencement Dieu vient au secours de l'inexpérience. Ainsi que nous faisons pour un enfant, il trace la route à l'esprit simple et ignorant. Peu à peu, à mesure que le libre arbitre se développe, il laisse l'esprit maître de choisir, et c'est alors que, sourd aux conseils des bons esprits, celui-ci s'expose à entrer dans la mauvaise voie. C'est là ce que l'on peut appeler la chute de l'homme.

La difficulté de la vie est la conséquence du mal.

164. — Bien que Dieu sache attendre et ne hâte

pas l'expiation, parfois cependant il impose une existence à un esprit. C'est ce qui se passe à l'égard de celui qui, par mauvais vouloir ou infériorité, n'est pas apte à comprendre son intérêt. C'est ce qui a lieu au cas où en même temps qu'elle peut servir à l'avancement de l'âme, une nouvelle vie présente pour elle un moyen d'expiation.

165. — L'esprit considère pour faire son choix la nature de ses fautes et son désir d'avancer vite. Il peut demander comme épreuves les tentations de la misère, ou celles bien plus dangereuses de la puissance et de la richesse.

Il ne faut qu'un peu de courage pour supporter les privations. L'abus et le mauvais usage trop facile de la puissance, ainsi que de la fortune et les mauvaises passions que l'une et l'autre développent, en rendent la possession fort à craindre.

166. — Il se rencontre des esprits qui choisissent le contact du vice, soit par bienveillance à l'égard de ceux qui en souffrent, soit afin de s'éprouver par les luttes qu'il provoque ; mais pour d'autres l'épreuve vient d'elle-même. L'assouvissement des passions brutales a pour eux des conséquences déplorables dont ils souffriront pendant un temps qui leur semblera devoir être éternel. Il faudra bien qu'ils comprennent leur erreur, expient leurs fautes et rachètent leur sinistre passé.

167. — Loin de choisir un sort facile, l'Esprit peut demander l'existence la plus rude et la plus pénible. Il le fait avec l'espoir d'arriver plus vite à un état meilleur. Il aperçoit distinctement le but qui, pour lui, se trouve bien autrement sérieux que les jouissances fugitives du monde, et dans son désir

de l'atteindre, il entreprend les travaux les plus fatigants.

A quoi l'homme ne se soumet-il pas sur terre dans l'intérêt de sa fortune ou de sa renommée ? Les deux phases de la vie humaine sont faites à l'image l'une de l'autre. Nous choisissons souvent sur terre les conditions les plus dures en vue d'un but élevé. Pourquoi l'Esprit qui sait bien que la vie du corps n'est qu'un incident sans durée, ne ferait-il pas choix d'une existence pénible et laborieuse si elle doit le conduire plus vite à une éternelle félicité ?

168. — L'Esprit peut se tromper sur l'efficacité de l'épreuve qu'il choisit. A-t-il entrepris au-dessus de ses forces, il succombe. A-t-il demandé une vie oisive et inutile, il n'a pas avancé. Rentré dans le monde des Esprits, il s'aperçoit qu'il n'a rien gagné, et cherche l'occasion de réparer le temps perdu.

Pour certains esprits, c'est un progrès de naitre parmi les sauvages ; pour d'autres, c'est un avancement de venir exercer en pays civilisé, des professions méprisées.

169. — Celui qui eut des esclaves, et fut un maitre cruel, peut être esclave à son tour, et subir les mauvais traitements qu'il aura fait endurer. Celui qui a commandé à une époque peut dans une nouvelle existence obéir à ceux-là même qu'il courbait sous sa volonté.

Une expiation est due par quiconque a mésusé de son pouvoir, car il ne l'avait reçu que dans l'intérêt des autres.

170. — Un bon Esprit peut, en vue de faire avancer les peuples arriérés, choisir une existence influente

parmi eux, et alors c'est une mission qu'il accomplit.

171. — *L'Esprit qui a payé sa dette n'a plus
de tribulations matérielles à subir, et les devoirs qu'il doit remplir afin de se perfectionner
n'ont plus rien de pénible. Il est comme celui
qui n'a jamais failli.*

172. — Le choix des épreuves de la vie explique
les *vocations* que manifestent certaines personnes :
cette volonté de suivre une carrière plutôt qu'une
autre est un souvenir du choix fait par elles au
moment où elles préparaient leur retour sur la
terre.

173. — Il y a parmi les Esprits une très grande
hiérarchie de pouvoirs. Ils ont les uns sur les
autres une autorité qui dépend de leur supériorité
et qu'ils exercent par un *ascendant moral irrésistible.*

La puissance et la considération attachées à la
position dont un homme a joui sur terre ne sauraient le suivre dans le *monde des âmes.* Celui
qui fut le plus grand parmi nous peut être le dernier parmi les Esprits, tandis que son serviteur le
précédera de beaucoup. L'orgueil et la jalousie
sont humiliés. Après la bataille dans laquelle tous
deux ont péri, le général et le soldat qui se retrouvent s'apprécient selon leur mérite et leur supériorité réels.

Sans être confondus, les Esprits de rangs différents se voient et se distinguent. Ils *se fuient ou
se rapprochent,* selon l'analogie ou la diversité de
leurs sentiments. C'est tout un monde, dont le nôtre
présente le reflet obscurci. Ceux du même rang se

réunissent par une sorte d'affinité et forment des groupes ou familles d'Esprits unis par la sympathie et la similitude des idées. En se rassemblant, les bons obéissent au désir de faire le bien, et les mauvais recherchent des êtres semblables à eux, soit qu'ils désirent faire le mal, soit qu'ils aient honte de leurs fautes.

Les régions habitées par les bons sont interdites aux méchants. Ils y apporteraient, avec leurs mauvaises passions, le trouble qu'elles entrainent.

Les Esprits se voient et se comprennent. Le fluide universel établit entre eux une communication constante. Il leur est possible de s'éloigner, mais non de cesser de se voir. Cependant certains Esprits peuvent, s'ils le jugent utile, se rendre invisibles pour certains autres. Nul ne saurait dissimuler ses pensées aux Esprits qui lui sont supérieurs.

Les Esprits *constatent leur individualité* par le périsprit qui en fait des êtres distincts les uns à l'égard des autres. Ils se reconnaissent pour avoir eu des relations dans leurs existences corporelles. Le plus souvent, le père et l'enfant se revoient, les époux se rejoignent et les amis se retrouvent. *Le passé des âmes est temporairement écrit en elles : il s'y lit comme dans un livre ouvert.*

Au sortir de l'existence corporelle, le Juste est accueilli comme un frère bien-aimé depuis longtemps attendu. Le méchant reste isolé, ses pareils seuls voient avec satisfaction un être malheureux et réprouvé qui leur ressemble.

Les parents et les amis ne sont pas toujours

réunis. C'est une punition d'être privé de se voir.
Ils ne se retrouveront à tout jamais que quand ils
seront aptes à marcher de front et revenus à l'égalité native par la perfection.

174. — Il y a entre les Esprits, comme entre les
hommes, des affections particulières. Seulement,
elles sont solides et durables, parce qu'elles échappent aux calculs des intérêts matériels et aux ca-
prices de l'amour-propre. Il n'y a plus de masques
sous lesquels puissent se cacher les hypocrites.

Les affections des purs Esprits sont inaltérables ;
elles sont pour eux les sources des félicités su-
prêmes.

L'affection que deux êtres ont eue l'un pour l'autre
sur la terre, ne persiste dans le monde des Esprits
qu'autant qu'elle est fondée sur une sympathie
véritable. Elle s'éteint si les causes physiques l'ont
principalement déterminée.

La haine ne se rencontre que parmi les Esprits
impurs. Les bons qui furent ennemis pendant une
vie corporelle ne sauraient avoir immédiatement
une sympathie réciproque. Ils s'éloignent les uns
des autres ; mais en s'améliorant, ils oublient réciproquement leurs griefs. Ils pardonnent à ceux qui
après leur avoir fait du mal, se repentent.

Le bon Esprit n'est pas porté vers celui qui est
inférieur, tant qu'il sait n'en devoir point être compris ; mais, fort de sa supériorité, il n'a contre lui
ni haine, ni jalousie : il se contente de l'éviter et de
le plaindre, jusqu'à ce qu'il trouve l'occasion de se
faire entendre avec succès.

Les méchants se gardent rancune, et comme
châtiment, Dieu peut permettre qu'ils soient pour-

suivis dans une autre existence par ceux auxquels ils auront été nuisibles.

La sympathie qui attire un Esprit vers un autre est le résultat de la concordance de leurs idées et de leurs penchants. Dans les sphères inférieures, l'esprit qui s'élève ne peut conserver la même sympathie pour l'ami qui reste stationnaire. Tous les Esprits qui sont arrivés au premier rang sont unis entre eux, et tous sont ainsi appelés à la sympathie d'où naîtra pour eux le bonheur complet.

La discorde enfante tous les maux, tandis que l'union les rend impossibles.

175. — L'Esprit considère le corps qu'il vient de quitter comme un vêtement qui le gênait. Content d'en être débarrassé, il ne s'en inquiète plus. Il est heureux du souvenir que l'on conserve de lui, et si l'on recueille les objets qui lui ont appartenu, il en est satisfait, parce que ces objets le rappellent à la mémoire de leurs possesseurs.

Celui qui a commencé des travaux utiles n'a pas le regret de les laisser inachevés ; il voit ceux qui doivent les continuer ; il suit son œuvre en influençant ses continuateurs. Son rôle n'a pas changé : il a d'autres moyens d'être utile.

L'artiste ou le littérateur jugent leurs œuvres à un point de vue différent, et ils peuvent blâmer ce qu'ils estimaient le plus. Ce qui nous paraît le plus admirable en fait d'art et de science, est bien peu de chose. Ce sont des œuvres d'écolier pour les Esprits des mondes avancés. Ce que nous faisons de mieux n'a qu'un mérite ; c'est de prouver nos progrès.

Après la mort, il n'est plus de patrie. Pour les Esprits, elle est là où ils trouvent le plus d'Esprits sympathiques. *L'univers est la patrie des Esprits élevés.*

176. — Heureux ou souffrants, les Esprits répondent à l'appel de la pensée qui les recherche. Ils y trouvent, les premiers un surcroît de jouissances, et les seconds un adoucissement à leurs peines. Ils sont sensibles seulement à l'affection. Peu leur importent les tombeaux somptueux ou les statues, ils ne demandent que l'acte du souvenir.

Les Ames sympathiques sont réunies bien que les corps soient séparés. Les tombeaux de famille, inutiles pour les Esprits, ont relativement aux hommes l'avantage de fixer leur attention et de témoigner qu'ils n'ont pas oublié leurs parents. L'Esprit encore soumis à la matière est seul flatté de la pompe de ses funérailles ou mécontent du délaissement dans lequel on laisse sa dépouille.

L'Esprit présent à son convoi est ou non satisfait du concours des assistants selon les sentiments qu'ils manifestent. Souvent aussi, comme il est dans le trouble qui suit la mort, il ne comprend pas exactement ce qui s'y passe. Sa présence aux réunions de ses héritiers peut servir à son instruction. C'est là qu'il juge la valeur des protestations d'amitié de ceux qu'il a gratifiés. Il voit tous les sentiments à découvert, et la déception qu'il éprouve en jugeant la rapacité de ceux qui se partagent ses biens, l'éclaire sur les mobiles de leur conduite. Ces successeurs avides auront leur tour.

177. — L'hommage instinctif que dans tous les temps et chez tous les peuples l'homme accorde aux morts est une conséquence naturelle de l'intuition qu'il a de leur survivance.

178. — La réincarnation, ainsi que le repos, suite de la mort corporelle, est une nécessité de la vie humaine. L'Esprit, qui n'est pas laissé par punition dans l'incertitude, voit son avenir ; ce qu'il ne connaît pas, c'est l'époque à laquelle aura lieu cette reprise d'un nouveau corps. Il peut rapprocher ce moment en l'appelant de ses vœux. Il peut l'éloigner s'il recule devant l'épreuve. Toutefois, tous devant monter, un moment viendra où le plus timoré sentira le besoin de travailler à son élévation.

Même quand il a eu le choix du genre d'épreuve, l'Esprit n'a pas celui du corps. Il peut néanmoins obtenir un corps déterminé, dont *les imperfections* contribueront à son avancement, s'il surmonte les difficultés qui en sont la suite.

L'Esprit peut être contraint, à titre d'expiation, de s'unir au corps d'un enfant dont *la naissance et la position* dans le monde seront pour lui des causes de souffrance. Si plusieurs Esprits demandent un même corps, le dispensateur des épreuves juge quel est le plus capable de remplir la mission à laquelle l'enfant peut servir.

Le trouble qui précède l'incarnation est plus grand et plus long que celui qui suit la mort corporelle. Un voyage souvent périlleux commence ; celui qui l'entreprend ne sait s'il surmontera les accidents ou les dangers qu'il affronte. Avancera-t-il ou perdra-t-il son temps ! Il y a là de sérieux motifs d'anxiété.

Selon les mondes que l'Esprit habite, ses amis lui témoignent leur sympathie au moment du départ. S'il est dans un milieu où règne l'affection, ceux qui l'aiment l'accompagnent et l'encouragent. Ce sont eux qu'il voit dans ses rêves, sous des traits inconnus. Il y en a qui le suivent dans la vie.

170. — Le lien fluidique s'établit bien avant la naissance entre l'Esprit et le corps : il se resserre peu à peu. Au moment où l'enfant voit le jour, l'union est définitive : mais elle peut être rompue par la volonté de celui qui recule devant l'épreuve et alors l'enfant ne vit pas. Le corps qui se forme n'a pas encore d'âme, il est lié seulement à celle qui doit le régir. Il vit de la vie végétale et animale; il possèdera la vie spirituelle lors de sa naissance; c'est un crime de le détruire.

Pendant l'intervalle de temps qui précède la naissance, l'Esprit attaché à la matière, perd peu à peu ses facultés, ses idées s'effacent momentanément et le souvenir du passé disparaît en partie.

L'esprit ne peut pas transporter immédiatement ses facultés dans son nouvel organisme. Il n'en jouira qu'après avoir appris à mettre à leur service ses nouveaux instruments. Il faut qu'il sache les utiliser.

Les qualités bonnes ou mauvaises de l'homme dépendent de l'Esprit dont il est l'incarnation. Plus cet Esprit est avancé, plus l'homme est porté au bien. Par contre, ses défauts et ses vices sont ceux de l'Esprit imparfait qu'il personnifie.

Si le progrès n'a pas été en même temps moral et intellectuel, l'homme distingué comme intelligence peut être vicieux et méchant. Il comprendra bientôt son erreur, et il rétablira l'équilibre dans une épreuve ultérieure ; à sa science il joindra la sagesse et la vertu.

180. — Enveloppé par la matière, l'Esprit reste

lui-même, mais il ne se manifeste que par ses organes. De leur souplesse dépend sa puissance d'expansion, et si l'infériorité des instruments entrave l'exercice des facultés, la force de celles-ci pousse au développement de leurs moyens d'expression.

Les *crétins* et les *idiots* ont des âmes souvent très développées *intellectuellement* et qui souffrent de ne pouvoir se communiquer, comme le muet souffre de ne pas pouvoir parler. Il y a des âmes en punition dans des organes absolument rebelles à l'impulsion de leurs facultés. Elles subissent un temps d'arrêt. Le génie devient parfois un fléau, quand on en abuse. L'Esprit de l'idiot a conscience de ce qu'il est. Il souffre de ses chaînes. *Le supplicié puisse-t-il comprendre qu'il est justement condamné!*

Dans la *folie*, l'organe qui devrait obéir à l'intelligence et à la volonté est partiellement attaqué et modifié, en sorte que l'Esprit n'a plus à son service qu'un instrument incomplet ou dénaturé. De là une perturbation dont l'Esprit, quoi qu'il en ait conscience dans son for intérieur, n'est pas maître d'arrêter le cours. Ajoutons que si la folie s'est prolongée, la perturbation des organes réagit sur l'Esprit lui-même. Elle lui apporte un trouble dont il n'est délivré qu'après la complète cessation de toute impression matérielle, et lorsque s'étant rendu compte de son état anormal, il en a rejeté tout souvenir.

181. — Si l'*enfant* paraît inintelligent, cela tient soit à l'imperfection des organes, soit au trouble que causent à l'Esprit les attaches des liens de la ma-

tière. Dieu lui a ménagé un temps de repos pendant lequel il est plus accessible aux impressions qui peuvent favoriser son avancement et que doivent lui transmettre ceux qui sont chargés de son éducation. Il a reçu en même temps le moyen de se façonner aux habitudes du monde dans lequel il est entré.

Au sortir de *l'adolescence*, l'Esprit reprend sa nature et se retrouve ce qu'il s'était fait.

18?. — Deux êtres qui se sont aimés dans une existence précédente ne sauraient se reconnaître dans une nouvelle vie corporelle, mais ils peuvent être attirés l'un vers l'autre. Des liaisons intimes n'ont pas d'autre cause que cette attraction de deux Esprits qui se cherchent à travers la foule. Elles peuvent également être déterminées par une *sympathie* actuelle.

De même, les Esprits *antipathiques* se devinent. Ce sentiment s'effacera peu à peu, il disparaîtra avec le progrès des uns et des autres.

183. — Dieu, dans sa sagesse, veut que l'homme *oublie le passé*, afin qu'il soit plus maître de lui-même. A chaque existence nouvelle, l'homme doué de plus d'intelligence est plus capable de distinguer le bien du mal : cela suffit. Si nous n'avons pas, pendant la vie corporelle, un souvenir précis de ce que nous avons été, et de ce que nous avons fait de bien et de mal dans nos existences antérieures, nous en avons l'intuition. Nos *tendances innées* sont une réminiscence de notre passé. *Notre conscience* est imbue du désir conçu par nous de ne plus nous abandonner aux mêmes désordres ; elle nous avertit de résister.

Si l'homme ne connaît pas les actes auxquels il s'est livré dans ses existences antérieures, il peut toujours savoir de quel genre de fautes il s'est rendu coupable et quel était son caractère dominant. *Il lui suffit de s'étudier lui-même. Ses tendances lui disent ce qu'il a été.* La nature des vicissitudes et des épreuves qu'il subit peut aussi l'éclairer sur ce qu'il a été et sur ce qu'il a fait. Le châtiment qui frappe le coupable lui permet de connaître la faute qu'il a commise. Ainsi tel sera châtié dans son orgueil par l'humiliation d'une existence subalterne ; le mauvais riche mendiera, l'avare sera réduit à la misère, celui qui a été dur pour les autres souffrira de la dureté de son entourage ; le tyran subira l'esclavage, le mauvais fils aura des enfants ingrats et la nécessité d'un travail forcé poursuivra le paresseux.

Dans les mondes heureux, l'oubli du passé n'a pas les mêmes raisons d'être. Là où le bien règne sans partage, on se rappelle le passé comme ce que l'on a fait la veille.

184. — Semblable au prisonnier, l'Esprit incarné aspire sans cesse à la délivrance, et plus il sent la grossièreté de son enveloppe, plus il est désireux de la quitter. Pendant le *sommeil,* le corps se repose, mais l'Esprit conserve toute son activité; inutile au corps, et les liens qui les unissent étant relâchés, l'espace lui est ouvert et il entre en *relation plus directe* avec les autres Esprits. Il est alors et momentanément dans l'état où il se trouvera d'une manière permanente après la mort du corps. Les esprits susceptibles d'être rapidement dégagés de la matière quand viendra la mort, ont

plus de liberté pendant le sommeil. Ils laissent dormir leurs corps et rejoignent les assemblées d'autres Esprits avec lesquels ils voyagent, s'entretiennent et s'instruisent. Ils travaillent même à des ouvrages que plus tard ils trouvent tout faits. Ceci doit apprendre une fois de plus à ne pas craindre la Mort, puisque *nous mourons tous les jours*.

Par l'effet du sommeil, nous sommes toujours en rapport avec le monde des Ames. Cela fait que les Esprits supérieurs consentent sans trop de répulsion à s'incarner au milieu des méchants. Laissant ici-bas le contact du vice, ils peuvent aller se retremper à la source du bien auprès de leurs amis du Ciel.

185. — La liberté de l'Esprit pendant le sommeil du corps est prouvée par les *rêves*. Nets, ils sont le souvenir de ce que l'Esprit a vu pendant que le corps dormait. Incohérents, ils se ressentent du trouble dont sont accompagnés le départ et la rentrée de l'Esprit.

Quelquefois aussi les rêves sont des avertissements. Ils appellent notre attention sur des faits dont la survenance est prochaine.

186. — Les Esprits de deux personnes connues l'une de l'autre peuvent se rencontrer pendant le sommeil. Beaucoup qui se croient sans relations se visitent et se parlent. On peut avoir des amis dans un autre pays et l'on ne s'en doute pas. Le fait de se rendre pendant le sommeil chez des amis, des parents, des connaissances et des gens qui peuvent vous être utiles n'est pas rare. Il ne s'accomplit pas, parce qu'on le veut éveillé ; il faut que

ce soit l'Esprit qui en ait le désir quand il jouit de sa liberté.

Il se peut qu'il reste au réveil une intuition de ces visites nocturnes. C'est souvent l'origine de certaines idées qui viennent spontanément, sans qu'on se les explique. On les a puisées dans ces entretiens.

187. — Les Esprits se communiquant leurs pensées pendant la liberté que leur laisse le sommeil de leurs corps, et le souvenir étant possible au réveil, chacun s'attribuera comme sienne l'idée ou la découverte dont il a été parlé. C'est de cette manière que se propagent les idées que l'on dit être dans l'air. Les Esprits peuvent, sans le savoir, se communiquer ce qu'ils pensent, alors que leurs corps sont éveillés. Cela se fait par le rayonnement de l'Esprit. C'est ainsi que deux Esprits sympathiques ont en même temps la même pensée.

188. — Les personnes tombées en léthargie ou en catalepsie voient et entendent par l'Esprit. Il y a donc en l'homme autre chose que la matière, puisque l'inertie du corps n'empêche pas l'action de l'Esprit.

Si dans la léthargie le corps était mort, l'Esprit n'y resterait point attaché. Quand un homme qui a présenté les apparences de la mort revient à la vie, c'est que la vie n'était pas éteinte. Le magnétisme est un puissant moyen de consolider les liens prêts à se rompre. Il rend au corps le fluide vital qui peu à peu devenait insuffisant pour entretenir le jeu des organes, et qui bientôt aurait manqué complètement.

189. — **Dans l'état de somnambulisme, l'Esprit**

est tout entier à lui-même ; les organes matériels sont atteints d'une sorte d'inertie et ne reçoivent plus les impressions extérieures. S'ils obéissent à l'Esprit, c'est par suite d'une action toute machinale et qui ne les tire pas de leur engourdissement.

Magnétique, provoqué ou naturel, le somnambulisme est le même phénomène. Il est produit par l'action du fluide magnétique, fluide vital ou électricité animalisée, modification du fluide universel.

La clairvoyance somnambulique provenant de ce que c'est l'Esprit qui voit, les corps opaques ne lui font pas obstacle, ceux-ci n'étant tels que relativement aux sens matériels. Elle se manifeste malgré la distance, par suite de la facilité possédée par l'Esprit de se transporter ou de rayonner. Si les somnambules ne voient pas tout, c'est d'abord que leur infériorité ne le leur permet pas, cela tient ensuite à ce que Dieu a donné cette faculté dans un but utile et non pour la publication de ce que l'interrogateur ne doit pas savoir.

Les somnambules peuvent dire dans cet état spécial des choses qu'ils ignorent ou semblent ignorer pendant la veille ; cela tient à ce qu'ils parlent d'après des souvenirs d'anciennes existences ou qu'ils répètent ce dont les instruisent d'autres Esprits avec lesquels ils se trouvent pour le moment en communication.

190. — L'Esprit jouit lors de *l'extase* d'une indépendance plus complète que dans le sommeil magnétique.

L'Esprit de l'extatique pénètre réellement dans les mondes supérieurs. Il les voit et comprend le bonheur de ceux qui les habitent. C'est pourquoi il voudrait y rester. Aussi faut-il le rappeler à la vie terrestre et lui faire comprendre que s'il brisait sa chaîne, ce serait le vrai moyen de ne pas posséder cette félicité dont il considère le tableau. Il doit aussi prendre garde de s'abandonner à ses propres idées, car des Esprits trompeurs pourraient profiter de son enthousiasme pour le fasciner.

191. — La *seconde vue* est celle de l'Esprit dégagé de la matière et libre, sans que le corps soit endormi. Cette faculté de communiquer par la pensée est permanente pour les habitants des mondes supérieurs. Leur état normal est analogue à celui des somnambules lucides sur terre.

La seconde vue est naturelle ; mais elle se développe par l'exercice. L'organisme y jouant un grand rôle, la transmission en peut être héréditaire. De plus, elle peut croître dans certaines circonstances qui agissent fortement sur le corps, par l'effet d'une maladie ou de l'approche d'un danger. Les sectes et les partis persécutés en ont offert de très nombreux exemples.

La perspicacité de certaines personnes n'est pas autre chose qu'une sorte de seconde vue qui s'ignore. Il en est quelquefois de même des pressentiments.

192. — Le somnambulisme naturel ou artificiel, l'extase et la seconde vue, ne sont que des variétés ou modifications d'une même cause : *l'émancipation de l'Esprit*, qui momentanément a détendu les liens matériels qui l'attachent à son corps. Aussi simples que les rêves, ces faits se sont produits à toutes les époques et l'histoire nous mon-

tre qu'ils ont été connus et même exploités dès la
plus haute antiquité.

« Par ces phénomènes, la Providence nous donne,
» dit Allan Kardec, la preuve de l'existence et de
» l'indépendance de l'âme. Elle nous fait assister
» au spectacle sublime de son émancipation. Par
» là, elle nous ouvre le livre de notre destinée.
» Lorsque le somnambule décrit ce qui se passe à
» distance, il est évident qu'il le voit, et cela non
» pas par les yeux du corps ; il s'y voit lui-
» même et s'y sent transporté ; il y a donc là-bas
» quelque chose de lui, et ce quelque chose n'étant
» pas son corps, ne peut être que son âme ou son
» Esprit. Tandis que l'homme s'égare dans les sub-
» tilités d'une métaphysique abstraite et inintelligi-
» ble pour courir à la recherche des causes de
» notre existence morale, Dieu met journellement
» sous ses yeux et sous sa main les moyens les
» plus simples et les plus patents pour l'étude de
» la psychologie expérimentale. » — *Livre des
Esprits*, nᵒ 455.

193. — Nous vivons constamment entourés d'une
foule d'Esprits qui en grand nombre peuvent voir
tout ce que nous faisons et dont chacun ne voit que
les choses sur lesquelles il porte son attention.
Quand nous nous croyons bien seuls, nous sommes en présence d'une multitude de témoins.
Actes et pensées, ce que nous voudrions cacher,
est vu et compris. Rien n'échappe à certains d'entre
eux.

194. — Lorsqu'un Esprit nous suggère une idée,
c'est comme une voix qui nous parle. Il est, du
reste, indifférent que nous connaissions la source

de la pensée à laquelle nous conformons notre conduite, puisque notre intelligence ayant apprécié, notre libre arbitre décide et nous rend responsables. La mission des *bons Esprits* est de mettre l'homme dans le chemin de la sagesse et de la vertu ; quand de perfides conseillers l'en détournent, c'est qu'il se livre à eux par le désir du mal. Les *Esprits impurs* ne s'attachent qu'à ceux qui les sollicitent par leurs désirs ou les attirent par leurs pensées. Dès qu'ils voient l'inutilité de leurs tentatives, ils y renoncent : ces voix qui soufflent la discorde, exaltent l'orgueil et nourrissent les mauvaises passions, sont étouffées, et l'on échappe à leur influence par la volonté du bien, jointe à la confiance en Dieu. Que ceux qui se sentent faiblir répètent avec le Christ : « Seigneur, ne nous induisez pas en tenta-
» tion, mais délivrez-nous du mal. »

195. — Nul autre Esprit ne peut se substituer dans le corps à la place de celui auquel il a été assigné. Il ne peut s'y introduire concurremment. Il n'y a pas d'autre *possédé* que celui qui, par suite de faiblesse ou de désir, se laisse subjuguer et conduire par un esprit inférieur et méchant. En usant d'une ferme volonté, il détruira l'empire de celui qui l'opprime ; il ne luttera pas seul. Ceux qui agissent sont assistés.

On a des exemples de l'emploi successif du même corps par différents Esprits. (V. *Religion laïque* 1879, p. 152. Document n° 16).

196. — La plupart des phénomènes qui se sont produits chez les individus désignés sous le nom de *convulsionnaires* ont été l'œuvre d'Esprits inférieurs, aidés du magnétisme. C'est par une in-

fluence de ce genre que l'on explique l'insensibilité physique, la connaissance de la pensée et la transmission sympathique des douleurs. Ceux chez qui se produisent des crises de ce genre sont à la fois magnétiseurs et magnétisés. L'action des Esprits n'est que secondaire ; ceux-ci ne font que profiter d'une disposition naturelle.

197. — Les bons Esprits sympathisent avec les hommes de bien et les coupables repentants. Ils sont les protecteurs des uns et des autres. Les Esprits inférieurs recherchent les hommes vicieux qu'ils croient disposés à rester tels.

L'affection véritable est toute spirituelle ; toutefois, lorsqu'un Esprit s'attache à une personne, il peut arriver qu'il le fasse en souvenir des passions humaines.

Les bons Esprits font autant de bien que possible et sont heureux de toutes nos joies. Ils s'affligent de nos maux lorsqu'ils voient que, faute de résignation, nous ne savons pas les faire servir à notre avancement. Ils font en sorte que les tribulations aient pour effet d'abréger notre temps d'épreuve. L'égoïsme et la dureté de cœur leur sont pénibles. Les mécomptes de l'orgueil et de l'ambition leur sont indifférents. Nos parents et nos amis nous protègent comme Esprits, selon leur pouvoir. Ils négligent ceux qui les oublient.

198. — Chaque homme a son *guide spirituel*. Il est dirigé dans la vie par un bon Esprit spécialement attaché à sa personne. Parfois il se trouve que le protecteur est de l'ordre le plus élevé. Le plus souvent, le rang du protecteur est en rapport avec celui du protégé. Le progrès du premier suit

celui du second. Celui qui est sous la tutelle d'un Esprit supérieur peut à son tour veiller sur un Esprit qui lui est inférieur.

La mission de l'Esprit protecteur est celle d'un père à l'égard de son fils ; il doit le conduire dans la bonne voie, l'aider de ses conseils, le consoler dans ses afflictions et soutenir son courage dans les épreuves de la vie. Il le suit du premier au dernier jour. Il le retrouve dans le monde des Esprits et le dirige souvent dans plusieurs existences corporelles. C'est une tâche qu'il a acceptée et qu'il doit remplir. Il peut être remplacé dans sa mission ; *mais le protégé n'est jamais abandonné.* Malgré la préférence par lui donnée aux mauvais Esprits, le protecteur ne cesse pas de faire entendre de temps à autre ses salutaires observations. Il revient dès qu'il est appelé. Oui, quelque part que nous soyons, il s'y trouve avec nous ; cachots, hôpitaux, lieux de débauche, solitude, rien ne nous sépare de cet ami que nous ne pouvons voir, mais dont toujours nous arrivent les plus douces impulsions et les plus sages avertissements. Nos Esprits protecteurs s'occupent de tout ce qui nous intéresse. Ils essaient de nous faire vivre le mieux et le plus heureusement possible.

L'action des Esprits sur notre existence doit être occulte. Si nous comptions sur leur appui, nous les laisserions agir à notre place et il n'y aurait pas de progrès pour nous. Il faut que nous acquérions l'expérience, fût-ce à nos dépens. Notre libre arbitre et notre responsabilité sont les conditions essentielles de notre avancement.

L'Esprit protecteur est heureux du succès de son

protégé. Il plaint celui qui entre dans une mauvaise voie. Toutefois, le chagrin qu'il en peut concevoir est tempéré par cette pensée que l'avancement du pupille n'est que retardé.

Nul n'a reçu la mission de faire le mal ni de le conseiller. Si les Esprits inférieurs s'y livrent, c'est de leur choix et de leur volonté. S'ils cherchent à influencer les Esprits incarnés, c'est librement qu'ils le font, mais leur action est combattue par celle de l'Esprit protecteur et celle d'Esprits sympathiques plus ou moins élevés, parmi lesquels tout homme trouve des amis qui s'intéressent à ses progrès.

199. — « Il y a, dit Allan Kardec, des sociétés, des
» villes, des peuples qui sont assistés par des Es-
» prits plus ou moins élevés, selon le caractère et
» les passions qui y dominent. Les Esprits impar-
» faits s'éloignent de ceux qui les repoussent ; il en
» résulte que le fonctionnement moral des *touts*
» *collectifs*, comme celui des individus, tend à
» écarter les mauvais Esprits et à attirer les bons
» qui entretiennent et excitent le sentiment du bien
» dans les masses, comme d'autres peuvent y souf-
» fler les mauvaises passions. »

« Les *touts collectifs* ont leurs Esprits protec-
» teurs spéciaux, car ces réunions sont des indivi-
» dualités qui marchent vers un but commun et qui
» ont besoin d'une direction commune. » (V. *Livre
des Esprits*, nos 518 et 519).

Ceux qui cultivent les arts et les sciences sont protégés par des Esprits spéciaux. Qu'ils les invoquent, et s'ils se sont rendus dignes de leur assistance, ils l'obtiendront.

200. — Les pressentiments sont ou les conseils intimes et occultes d'un Esprit qui nous veut du bien, ou les souvenirs de ce que nous avons vu comme Esprit, soit pendant le sommeil du corps, soit pendant la vie erratique. La connaissance préalable que l'esprit a pu obtenir des principales phases de l'existence dans laquelle il allait entrer est de même une cause de pressentiments. Elle a produit dans son for intérieur une impression durable, et le souvenir de celles qui présentent un vif intérêt se ravivant lorsque le dénouement approche, il est prévenu de ce qui va se passer (V. nos 185 et 191).

Quand le conseil ou le pressentiment est vague, celui qui tient à s'éclairer doit invoquer son bon Esprit, ou s'adresser à Dieu, le maitre de toutes choses.

201. — Les Esprits concourent d'une manière directe à l'accomplissement de ce qui doit arriver. Ils le font en se conformant aux lois de la Nature, en sorte qu'un événement inattendu et contraire à ces lois ne peut surgir tout à coup à leur volonté. Si une échelle se rompant sous les pieds de celui qui s'en servait, un Esprit est la cause immédiate de la mort de cet homme, c'est que l'idée de se servir de l'instrument viendra de lui. Il n'aura pas brisé l'échelle. Une cause quelconque rendait les échelons insuffisants à supporter le poids d'un homme : c'est ce qui a déterminé l'accident. De la sorte, la mort est naturelle et néanmoins elle est le résultat de l'action d'un Esprit sur la conduite de la victime. De même si un homme meurt frappé de la foudre, ce ne sont pas les Esprits qui ont fait éclater la

foudre et l'ont dirigée sur l'homme ; la foudre devait tomber en cet endroit, l'homme a pu s'y trouver par suite d'une idée qui lui aura été suggérée.

C'est d'après les mêmes lois que les Esprits contribuent à nous arracher au danger. Ils ne peuvent détourner la balle qui d'après sa direction nous atteindrait ; ils peuvent agir sur l'intelligence de celui qui tient l'arme pour qu'il manque le but, ou sur la nôtre pour que nous nous détournions.

Ce que Dieu veut, doit être ; s'il y a retard ou empêchement, c'est par sa volonté.

Certains Esprits peuvent exercer notre patience par les tracasseries qu'ils nous suscitent ; mais les accidents qui nous arrivent sont l'effet de notre maladresse plus souvent qu'ils ne sont le résultat de leur intervention. Une animosité survivant aux relations d'une existence antérieure peut déterminer leur envie de nuire. Dieu permet que nos épreuves se continuent ainsi. Prier pour les tourmenteurs, leur rendre le bien pour le mal, ne pas s'inquiéter des actes qu'ils provoquent, voilà les moyens qu'ont les hommes de leur faire comprendre leurs torts.

Les Esprits ne sont pas toujours maîtres de nous faire éviter les malheurs dont nous sommes menacés, ceux par exemple qui sont dans les décrets de Dieu ; mais en ce cas même leur secours nous est profitable. La patience et la résignation nous sont inspirées par eux. Ils nous font voir que ces maux nous sont utiles et que nous en serons amplement dédommagés dans l'avenir. Leur assistance est réservée à ceux qui ne s'abandonnent pas eux-mêmes.

Les Esprits ont parfois le pouvoir de nous faire obtenir la *richesse*. Comme c'est une épreuve difficile, les bons refusent le plus ordinairement de nous aider dans la poursuite de ce désir inconsidéré. Ceux dont le but est de nous perdre comptent, pour atteindre ce résultat, sur les jouissances matérielles que donne la fortune, et ils nous facilitent les moyens de l'obtenir. Quelque chose d'heureux nous arrive-t-il, remercions Dieu qui l'a permis. Nous pourrons remercier ensuite les bons Esprits qui sont ses agents. Craignons le sort des ingrats. Ceux qui auront beaucoup reçu auront beaucoup à rendre.

202. — Dans une *bataille*, il y a des Esprits qui soutiennent chaque parti et stimulent le courage des combattants. Il y en a que la justice de la cause touche peu et qui ne cherchent que la discorde et la destruction. Les Esprits de ceux qui succombent ne continuent pas tous à s'intéresser au combat. Il y en a qui s'éloignent. Quelques-uns croient prendre encore part à l'action et poursuivent leurs ennemis; mais ils ne tardent pas à s'apercevoir que leurs actes n'ont plus d'objet. Ils voient leurs corps sans mouvement, quoiqu'ils se sentent eux-mêmes tout entiers. Cette situation les étonne d'abord et ils se l'expliquent plus ou moins rapidement, selon leur état d'avancement.

Le *général peut être influencé* dans ses combinaisons, comme tout être qui pense, mais comme tout autre aussi, il se détermine par son libre arbitre. Il n'est digne de commander que s'il sait discerner une idée juste de celle qui ne l'est pas.

203. — Tout a sa raison d'être et rien n'arrive

sans la permission de Dieu. Il en est donc ainsi des *grands phénomènes* que l'on considère comme une perturbation des éléments. Quelquefois ils se produisent directement en vue de l'homme ; dans d'autres circonstances, ils sont destinés à rétablir l'équilibre et l'harmonie des forces de la nature. L'action de Dieu sur la matière se produit à l'aide des Esprits, ses agents dévoués à tous les degrés. Les uns président aux phénomènes géologiques, d'autres les accomplissent: les uns commandent et les autres exécutent.

Les Esprits avancés connaissent seuls leur pouvoir sur la matière ; mais les plus arriérés sont utiles à l'ensemble. « Tandis *qu'ils s'essayent à la*
» *vie*, et avant d'avoir la pleine conscience de leurs
» actes et leur libre arbitre, ils agissent sur cer-
» tains phénomènes dont ils sont les agents à leur
» insu ; ils exécutent d'abord ; plus tard, quand
» leur intelligence sera plus développée, ils com-
» manderont et dirigeront les choses du monde
» matériel ; plus tard encore, ils pourront diriger
» les choses du monde moral. C'est ainsi que tout
» sert, tout s'enchaîne dans la nature, depuis
» l'atome primitif jusqu'à l'archange, qui lui-même
» a commencé par l'atome ; admirable loi dont
» l'esprit borné de l'homme ne peut encore saisir
» l'ensemble. (V. *Livre des Esprits*, n° 540).

204. — Il n'y a point de *pacte* fatalement obligatoire et que l'on ne puisse rompre ; mais par un accord tacite un être malfaisant se soumet aux suggestions des Esprits inférieurs. Avec une ferme volonté à laquelle le secours des bons Esprits ne fait jamais défaut, celui qui a promis peut toujours

se soustraire à une domination qui le conduirait à sa perte. Malheur à celui qui s'associe aux méchants ! Puni pour ses fautes nouvelles, il subira des épreuves plus pénibles.

205. — Un homme ne pourrait, avec l'assistance d'un ou plusieurs mauvais Esprits qui lui seraient dévoués, faire du mal à son prochain : Dieu ne le permettrait pas. La croyance aux *sorts* est une *superstition*. L'examen des faits cités comme preuve de leur existence le démontre.

Les Esprits n'obéissent qu'à leur volonté ou à leurs supérieurs. Ils ne sont soumis *à aucune formule, à aucun signe ni talisman*, non plus qu'à aucun objet matériel. Ils répondent à la pensée, parce qu'*ils le veulent bien*. Celui qui croit à la vertu de mots ou signes, donnant cette preuve de son peu de développement intellectuel, s'expose à être mystifié par les Esprits inférieurs. Les *sorciers* ne sont pas tous des charlatans coupables. Il y en a qui agissent de bonne foi, c'est qu'ils sont doués de seconde vue, de puissance magnétique ou d'autres facultés analogues. Celui qui possède de la puissance magnétique peut guérir par le simple attouchement, s'il est pur de sentiments et animé d'un ardent amour de faire le bien (Voir aff. Dessens, *Journal du Palais*, 1867, p. 1226)

206. — Dieu ne se détourne pas de la voie de la justice ; il ne couvre de sa protection que celui qui la mérite ; il n'écoute point une *malédiction* injuste, et celui qui la prononce est coupable à ses yeux.

207. — Tous les Esprits sont *actifs*. Ils ont tous des devoirs à remplir. Avec le temps et la volonté,

ils acquerront la connaissance de toutes choses : nul ne doit rester en chemin. Tous ont rempli tour à tour les mêmes fonctions et parviendront au même but. Dieu est juste ; il ne donne pas aux uns, sans travail, la science que les autres devraient acquérir seulement à la suite d'un pénible effort. L'*éternelle oisiveté* serait un supplice éternel. Les Esprits les plus élevés ont encore l'emploi de leur activité. Ils reçoivent directement les ordres de Dieu, les transmettent dans tout l'univers et veillent à leur exécution. Ils savent qu'ils sont utiles et leurs occupations sont pour eux une jouissance. Le besoin d'agir est pour les Esprits en raison de leur supériorité. Il se développe avec la conscience et le libre arbitre.

208. — Les desseins de Dieu, dont on ne saurait pénétrer l'étendue, font que *les missions des Esprits* varient à l'infini : elles sont en rapport avec les capacités et l'élévation de ceux qui en sont chargés ; elles sont autres selon qu'ils comprennent le but ou qu'ils sont des instruments aveugles. Les Esprits peuvent s'incarner pour remplir leur mission d'instruire les hommes et d'améliorer leurs institutions. (Voir n° 170).

Les Esprits incarnés ont des occupations inhérentes à leurs existences corporelles. Ils remplissent toujours une mission en ce qu'ils travaillent à exécuter sous un certain rapport les vues de la Providence et sont utiles à quelque chose. Ceux qui sont volontairement inutiles sur terre sont de pauvres êtres qu'il faut plaindre : leur expiation sera douloureuse et leur châtiment commence par l'ennui et le dégoût de la vie.

209. — Les Esprits incarnés ne sont pas toujours prédestinés à la mission qu'ils accomplissent. Ils n'ont qu'un but vague en venant sur la terre. Dieu les pousse ensuite dans la voie où ils doivent accomplir ses desseins. Quand une chose utile est à faire, celui qui est le plus apte à l'exécuter est choisi et dirigé dans l'exécution. Il faut ajouter que pendant le sommeil de son corps, l'Esprit incarné peut communiquer directement avec celui qui l'inspire et recevoir des instructions positives.

210. — Les *hommes de génie* sont chargés d'instruire les autres. Il faut les juger eu égard au temps et au milieu dans lequel ils se sont trouvés. Ils ont dû proportionner leurs enseignements aux facultés de leurs compatriotes. Quelques-uns ont pu fausser leurs missions.

211. — La *paternité* est une mission importante et difficile. Dieu a mis l'enfant sous la tutelle de ses parents pour que ceux-ci le dirigent dans la voie du bien. Il a facilité leur tâche en donnant à l'enfant une organisation frêle et délicate qui le rend accessible aux impressions qui lui sont communiquées. S'il succombe par leur faute, ils en porteront la peine, et les souffrances de l'enfant dans la vie future retomberont sur eux. S'il échappe grâce à eux, ils seront récompensés en raison de leurs efforts. (Voir nº 181).

212. — Le *conquérant* répand les calamités sur la terre. Il n'est le plus souvent qu'un instrument. Dieu s'en sert; mais Dieu est juste et chacun est récompensé selon ses œuvres et la droiture de ses intentions.

213. — Les Esprits impurs ou imparfaits atten-

dent au milieu des souffrances et des angoisses. Dieu leur procure incessamment les moyens d'en sortir et d'avancer : à eux d'en profiter.

214. — Les Esprits vulgaires se mêlent aux occupations et aux amusements des hommes. Certains parcourent les mondes et s'instruisent en vue d'une nouvelle incarnation.

215. — Certains Esprits s'occupent du progrès par la direction qu'ils donnent aux événements et par les pensées qu'ils suggèrent opportunément à tous et surtout aux hommes supérieurs qui se consacrent à l'avancement de l'humanité.

CHAPITRE SEPTIÈME

MORALE

Règle de conduite. — Obéissance et soumission. — Conséquences inévitables

216. — *La loi divine* ou *naturelle* est l'œuvre de Dieu. Elle est éternelle et immuable comme son auteur. Elle a une sanction nécessaire. Toute bonne action entraîne sa récompense, comme toute faute produit sa punition. La loi indique à l'homme ce qu'il doit faire. *Celui-là seul qui s'en écarte trouve le malheur sur sa route. Tel a été le cas de la généralité de ceux qui habitent la terre.*

L'Esprit doit approfondir les lois morales et les lois de la matière; mais ce n'est pas une seule vie corporelle, c'est la continuité de l'existence immortelle qui est consacrée à ce vaste labeur.

Toute la loi n'est pas dans le précepte de l'amour du prochain. Ce commandement ne règle que les devoirs des hommes entre eux. La loi de Dieu concerne toutes les circonstances de la vie. Adoration, travail, reproduction, conservation, destruction, société, progrès, égalité, liberté, justice, amour et charité, elle gouverne tout.

L'observation des règles de justice, d'amour et de charité, voilà ce qu'il y a de plus important pour l'esprit incarné. C'est par là qu'il avance le plus dans la vie.

217. — Ceux qui ignorent aujourd'hui la loi divine la comprendront un jour, car il le faut : les ténèbres

de l'ignorance se dissiperont et le progrès se fera. La loi morale est écrite dans la conscience, mais l'homme l'oublie et la méconnait. Elle lui est rappelée. Des Esprits meilleurs s'incarnent avec la mission de faire avancer les retardataires. Si des hommes intelligents propagent l'erreur, ils y mêlent toujours des vérités utiles.

La loi divine est écrite partout. Pour la *connaitre, il suffit de la chercher.* Dès les temps les plus reculés, ceux qui ont médité sur la sagesse l'ont comprise et enseignée. C'est pour cela que ses éléments se trouvent dans la doctrine morale de tous les peuples sortis de la barbarie. Le règne du bien se rapproche et l'enseignement de la loi, devenu plus éclatant, sera plus intelligible. Les orgueilleux seront confondus et les hypocrites verront tomber leurs masques. Les passions individuelles n'interprèteront plus la loi de Dieu et nul n'en faussera plus le sens.

218. — *Le bien* est tout ce qui est conforme à la loi de Dieu, prescrivant *de tout faire en vue de l'avantage de tous.* Le *mal* est tout ce qui s'écarte de cette loi. Celui qui croit en Dieu peut, dès qu'il le veut, discerner le bien du mal.

Dieu n'a pas créé le mal, c'est l'homme qui en est l'auteur. L'Esprit est guidé dans ses premiers pas, il n'est livré à lui-même que quand sa conscience et sa volonté peuvent le conduire au bien. *Il lui est donné d'avancer sans jamais s'égarer; s'il ne suit pas la bonne voie, c'est sa faute: son pèlerinage sera plus long.* La loi est la même pour tous; mais qui sait mieux ce qu'il fait, est plus coupable de mal faire. Une faute n'est jamais fatale, l'Esprit le comprend mieux à mesure qu'il s'épure en passant d'une existence à l'autre. Le mal retombe sur celui qui l'a causé. Conduit au mal par la méchanceté d'un autre, l'Esprit n'est point excusable : mais il est moins coupable que ceux qui ont amené sa chute. *Chacun portera la peine des méfaits accomplis par lui comme de ceux qu'il aura provoqués.* Résister au désir du mal possible, c'est faire acte de vertu. *Il ne suffit pas d'éviter la faute, il est nécessaire de prati-quer le bien dans la mesure de ses forces.* On répond du mal qui arrive, parce que l'on n'a pas fait le bien que l'on était en situation d'accomplir. Chaque jour on peut faillir ou mériter, car chaque jour nous offre à tous *la possibilité d'être utile à quelqu'un* de nos semblables. Le mérite est dans la difficulté. Il n'y en a point à faire le bien sans peine et quand il n'en coûte rien. Dieu tient plus de compte au pauvre qui partage son unique morceau de pain, qu'au riche qui ne donne que son superflu. Rappelons-nous la parabole du denier de la veuve (nº 230).

219. — *Le travail* est une loi de la nature : il est nécessaire. Matériel ou intellectuel, *du moment qu'il est utile*, il satisfait à la loi. Faute d'exer-cice, l'intelligence n'atteindrait pas la perfection qui lui est promise. Certains genres de travaux sont imposés à l'incarné comme une conséquence de son association à la nature matérielle ou comme une expiation. Il faut que le travail et l'activité de l'homme lui procurent la nourriture et la sécurité, ainsi que le bien-être.

La nature du travail est relative à celle des

besoins ; moins ceux-ci sont matériels, moins le travail doit l'être ; nulle part l'Esprit ne reste inactif. Loin de constituer un avantage, l'oisiveté serait un supplice. Nul ne doit vivre aux dépens du travail des autres. Chacun doit au contraire se rendre utile selon ses facultés. Celui qui jouit de biens suffisants pour assurer son existence, n'est dispensé que du travail manuel : il reste soumis à l'obligation d'être utile à ses semblables, et le devoir est d'autant plus impérieux pour lui, qu'il possède le loisir nécessaire à son accomplissement. Dieu condamne tous ceux dont l'existence est volontairement inutile. Une première peine de leur inaction, c'est qu'ils n'avanceront ni en science ni en vertu.

La loi divine veut que les enfants travaillent pour leurs parents, et leur rendent les soins qu'ils en ont reçus. Dieu a facilité l'accomplissement de ce devoir, en mettant au fond des cœurs l'amour réciproque des membres d'une même famille.

220. — Le repos est une loi de nature, car il est nécessaire dans un double but : réparer les forces sans lesquelles le travail ne pourrait être repris ; procurer à l'intelligence la liberté dont elle a besoin pour s'élever au-dessus de la matière.

L'homme est libre de travailler quand et comme bon lui semble ; ses forces seules posent la limite. C'est une des plus mauvaises actions que d'imposer à ses subordonnés un travail excessif ; celui qui l'aura commise obéira plus tard à un maître impitoyable, ainsi qu'il l'était lui-même. Le vieillard auquel le travail n'est plus possible, devrait pouvoir se reposer. Sa famille, et à défaut de celle-ci, la société devrait le nourrir. Ainsi le voudrait la loi de charité. *Quand personne n'y aura manqué, personne ne souffrira du mépris dont elle est l'objet. Allez et ne péchez plus et désormais vous n'aurez plus de peine à subir.*

Améliorons-nous incessamment, tout est là. (Voir num. 263).

221. — La reproduction entretient le monde corporel; elle est une loi de la nature. Dieu pourvoit à ce que la population ne soit pas exubérante sur la terre. Il maintient toujours l'équilibre.

222. — Il y a en ce moment des races humaines qui dominent évidemment. Elles disparaîtront un jour. D'autres auront pris leur place, et celles-ci seront remplacées à leur tour. Les races se succèdent en se perfectionnant. Celles d'aujourd'hui descendent des races primitives. Une d'elles augmente et tend à envahir la terre entière. Elle décroîtra et s'anéantira devant une race supérieure dont elle sera la souche. Il y avait dans les races primitives prédominance des conditions de la force physique. Actuellement il faut des dispositions favorables au développement de l'intelligence. Celle-ci ajoute à la puissance de l'homme : elle lui fournit le moyen d'utiliser les forces de la matière, et de les assujettir à son usage.

L'homme obéit à la loi en s'occupant du progrès des races végétales et animales. Ce travail est moralement méritoire selon l'intention. Il est toujours utile en ce sens qu'il exerce et développe l'intelligence.

223. — Tout ce qui entrave la nature dans sa marche, est contraire à la loi générale. Dieu a donné à l'homme sur tous les êtres vivants un pouvoir

dont il doit user pour le bien. Il peut régler la reproduction selon ses besoins : il ne doit pas l'entraver sans nécessité. L'action intelligente de l'homme est un contrepoids établi par Dieu pour ramener l'équilibre entre les différentes forces de la nature. Les animaux eux-mêmes concourent également au maintien de l'équilibre. La destruction à laquelle ils se livrent fait que tout en pourvoyant à leur propre conservation, ils arrêtent le développement excessif et peut-être dangereux des espèces animales et végétales dont ils se nourrissent.

224. — Le *mariage*, c'est-à-dire l'union permanente d'un homme et d'une femme, est un progrès dans la marche de l'humanité. Son abolition serait un retour à la vie des bêtes. Encore est-il certains animaux dont les unions sont constantes. Ceux qui par *égoïsme* vivent dans le *célibat* déplaisent à Dieu ; mais cet état est méritoire lorsqu'il constitue, par la renonciation aux joies de la famille, *un sacrifice accompli au point de vue de l'humanité.* Tout sacrifice personnel en vue du bien, et *sans arrière-pensée d'égoïsme,* élève l'homme au-dessus de sa condition matérielle.

225. — Tout a un but dans la nature. L'égalité numérique existe, à peu de chose près, entre les personnes de sexe différent. Ce fait indique qu'elles doivent s'unir par couple de deux. La *polygamie* est un effet de la sensualité et l'abolition de cet usage marque un progrès social. L'affection des êtres qui s'unissent est essentielle au mariage, selon les vues de Dieu. Elle ne saurait exister dans la polygamie.

226. — Tous les êtres vivants, quel que soit le

degré de leur intelligence, sont doués de *l'instinct de conservation :* chez les uns, il est à peu près machinal, et chez d'autres, il est raisonné. Il a été donné à tous, parce que tous doivent concourir aux vues de la Providence et parce que la vie corporelle est nécessaire au perfectionnement des êtres.

227. — L'homme a reçu le désir et les *moyens de vivre et de se conserver.* S'il ne les trouve pas, c'est faute de chercher. Lorsque la terre n'a pas produit assez pour fournir à l'homme le nécessaire, c'est qu'il l'a négligée, c'est qu'il a été incapable, imprévoyant ou dilapidateur. Il en est à qui les moyens d'existence manquent, alors que l'abondance est générale. Ceux-là doivent le plus souvent s'accuser eux-mêmes, au lieu de s'en prendre à l'égoïsme de leurs semblables. Ont-ils cherché avec ardeur et persévérance ? N'ont-ils pas agi avec mollesse ? Peut-être se sont-ils laissé décourager par des obstacles qui n'étaient que des épreuves, et qu'un effort de patience et de fermeté leur eût permis de surmonter.

Lorsque celui qui souffre n'a aucun reproche actuel à se faire, c'est une épreuve souvent cruelle qu'il doit subir, et à laquelle il a su qu'il serait exposé ; qu'il se soumette à la volonté de Dieu, son mérite est dans sa résignation. Si la mort le menace, loin de murmurer, il doit se résoudre à la souffrir. L'heure de la véritable délivrance est arrivée, et le désespoir du dernier moment peut lui faire perdre le fruit de longs efforts. Qu'il y songe ! Sacrifier son semblable pour assouvir sa faim, c'est être deux fois coupable. C'est être homicide et refuser de subir les épreuves de la vie avec courage et résignation.

Dans les mondes, les aliments sont en rapport avec la nature des êtres. Plus on s'élève, moins ils sont matériels.

228. — *L'usage des produits de la terre* est la conséquence de la nécessité de vivre à laquelle il permet de satisfaire. Il est accompagné de jouissance. *L'homme doit être excité à accomplir sa mission, et en même temps éprouvé par la tentation,* afin que sa raison se développe et le préserve des excès.

Les jouissances ont des limites tracées par la nature, celles du nécessaire : Les excès conduisent à la satiété, qui est un châtiment. Celui qui dépasse les bornes est bien près de périr moralement et physiquement. Loin de lui porter envie, plaignons-le. Il abdique sa raison et descend au-dessous de la brute.

229. — Le sage connaît par intuition la *limite du nécessaire,* beaucoup la connaissent par expérience et à leurs dépens. Cette limite est déterminée par l'organisation même, mais l'homme s'est créé des besoins qui n'ont rien de réel. Ceux qui se procurent *le superflu* en imposant des privations à d'autres, méconnaissent la loi de Dieu. Ils en répondront.

230. — La loi de conservation exige que chacun prenne soin de son corps et lui procure la force et la santé, sans lesquels le travail est impossible. L'homme peut rechercher le *bien-être, pourvu qu'il ne l'acquière aux dépens de personne et qu'il ne lui sacrifie* ni ses forces physiques ni ses forces morales. *Retrancher de son nécessaire afin de donner à ceux qui n'ont point assez, voilà ce qui est méritoire. Celui qui se mortifie sans être utile, a tort ;* se priver et travailler pour les autres, voilà ce qui est faire le bien selon la charité.

Il est permis à l'homme de se nourrir de chair, ainsi le veut son organisation, qui autrement dépérit. Celui qui se prive de l'usage de la chair n'a de mérite que s'il trouve dans cette privation le moyen de faire du bien à d'autres. Dieu n'apprécie que les sentiments qui élèvent l'âme vers lui.

Les souffrances sont utiles en tant qu'elles viennent de Dieu. Agissons pour le bien de nos semblables, habillons l'indigent, consolons l'affligé, travaillons pour l'infirme, endurons des privations pour le soulagement des malheureux, nous rendrons service à nos frères, et alors notre vie sera méritoire. Souffrir volontairement en vue de soi seul, c'est de l'égoïsme ; souffrir pour les autres, c'est de la charité : le Christ l'a dit.

231. — Tous les corps matériels sont détruits, puis reconstitués et régénérés. De ces transformations successives, résultent le renouvellement et l'amélioration des êtres vivants. *La destruction des formes de la vie est forcée.* Les créatures sont les instruments dont leur auteur se sert pour arriver à ses fins. Dans l'homme spécialement, l'enveloppe extérieure n'est que l'accessoire. La partie essentielle, c'est le principe intelligent qui est indestructible et qui s'élabore dans les différentes métamorphoses de la chair. Anéantir le corps avant le temps, c'est arrêter le développement de

l'être pensant. Voilà pourquoi le besoin de vivre a été donné aux êtres vivants. Le remède est à côté du mal. La voix secrète qui invite l'homme à repousser la mort lui dit qu'il peut encore faire quelque chose pour son avancement. Le péril, en le menaçant, l'invite à profiter du répit que Dieu lui accorde. Le besoin de destruction est proportionné à l'état plus ou moins matériel des mondes. Il cesse avec un état physique et moral plus épuré. Il s'affaiblit sur terre par le triomphe successif de l'Esprit sur la matière. Le droit de l'homme sur les animaux est réglé par la double nécessité de se nourrir et de se défendre. Les animaux ne détruisent que pour leurs besoins. L'homme qui détruit sans nécessité devra compte de cet abus de sa liberté, car il aura cédé à de mauvaises pensées. La *chasse inutile* est une violation de la loi de Dieu.

Les peuples qui ont pour la vie des êtres, un respect tel qu'ils s'interdisent d'en détruire aucun, sont dans l'erreur.

232. — Il faut, pour apprécier les résultats de ce qu'on appelle les *fléaux*, comprendre la fin à laquelle tendent ces bouleversements. Toujours justes et arrivant au moment opportun, ils ont pour objet, en frappant les imaginations, de faire surgir avec promptitude et en quelques années un ordre de choses meilleur dont l'avancement aurait exigé des siècles.

L'homme y trouve, avec le châtiment de son orgueil et la preuve de sa faiblesse, des occasions précieuses de s'améliorer ; c'est pour lui le moment d'exercer son intelligence, de montrer sa patience et sa soumission à la volonté de Dieu, comme aussi d'appliquer ses sentiments d'abnégation, de désintéressement et d'amour du prochain.

Les Esprits, voilà les êtres réels, préexistant et survivant à tout; enfants de Dieu, ils sont les objets de toute sa sollicitude. Les corps ne sont que les formes sous lesquelles ils apparaissent dans le monde. Ceux qui périssent dans ces occasions et que l'on appelle des victimes, n'ont rien à regretter; ce qu'ils ont perdu est peu de chose : une vie terrestre est un éclair dans l'éternité, une lueur qui devait s'éteindre aussitôt qu'elle était apparue.

233. — La *guerre* est l'état normal des tribus et des peuples barbares qui ne connaissent que le droit du plus fort. Elle devient moins fréquente et moins brutale à mesure que l'homme progresse. Elle disparaîtra quand la nature animale cessant de dominer la nature spirituelle, les peuples comprendront la justice et pratiqueront la loi de Dieu. Alors ils se reconnaîtront pour *frères*.

L'asservissement et les ruines que la guerre produit la rendent odieuse et avancent son dernier jour. Celui qui la suscite à son profit est bien coupable. *Il répondra de chaque homme immolé à son ambition et il lui faudra bien des existences pour expier tous les meurtres qu'il aura causés.*

234. — Le *meurtre* est plus ou moins coupable, selon l'intention. La nécessité absolue seule l'excuse. Le soldat, lorsqu'il est contraint par la force, n'est pas coupable. Il sera châtié s'il a été cruel.

235. — La nécessité de la destruction ne saurait

légitimer la *cruauté*, qui est toujours l'œuvre de celui dont le sens moral n'est pas développé.

236. — Avec une civilisation plus avancée et plus morale, l'homme comprendra que le *duel* est aussi déraisonnable que le combat regardé jadis comme le jugement de Dieu, dont il dérive. Il est un suicide pour celui qui, connaissant sa faiblesse, s'expose à la mort. Il est un suicide et un meurtre, si les chances sont égales. Il a pour causes réelles l'orgueil et la vanité.

Donnée ou reçue, la mort ne saurait constituer la réparation d'une injustice.

237. — Lorsque les hommes seront plus éclairés, *la peine de mort sera complètement abolie sur terre en même temps qu'elle n'y sera plus méritée.* Ce temps est encore éloigné; il dépend de nous de le faire arriver plus promptement. La société peut en attendant et afin de se garantir du péril, chercher d'autres moyens que la suppression du criminel. Elle doit lui ouvrir la voie du repentir et non la lui fermer. L'amélioration individuelle a fait, en devenant plus générale, disparaître la *question* et bien d'autres barbaries de la procédure criminelle et de la pénalité; elle supprimera la peine de mort! Ce qui paraissait juste dans un temps, paraît barbare dans un autre. Les lois humaines changeront jusqu'à ce qu'elles soient mises en harmonie avec les lois divines, seules éternelles

Quand Jésus a dit : « Qui a frappé par l'épée périra par l'épée », il a parlé de la justice divine et non du droit de l'homme de punir le meurtrier. La justice divine applique la peine du talion dans la mesure légitime. Elle impose dès cette vie ou dans une autre, une situation où l'on souffrira ce que l'on aura fait souffrir, *et l'adoucissement de la peine sera la condition de progrès de celui qui sera chargé de l'appliquer.*

Tenu d'aimer même ses ennemis, et de pardonner les offenses pour qu'il lui soit pardonné, l'homme devrait s'en remettre à son Maître et Créateur du soin de réprimer les atteintes que la loi a reçues à son occasion. Alors, les hommes ne seraient plus jugés par leurs semblables: ce serait l'idéal de la justice. Nous en sommes bien loin.

238. — L'homme doit progresser. Seul, il n'a ni force ni moyens. Le travail en commun facilite toute tâche et rend le succès plus prompt. Aussi Dieu a-t-il fait de la *vie sociale* une nécessité et donné à l'homme ce dont il a besoin pour vivre en société.

Il l'a doué de la parole et d'autres aptitudes propres à la vie de relation. Il veut que tous concourent au progrès en s'aidant mutuellement par l'échange de leurs facultés respectives.

239. — L'homme ne saurait trouver dans l'*isolement* qu'une satisfaction égoïste. Dieu ne peut avoir pour agréable un genre de vie par lequel on se condamne à n'être utile à personne. Les méchants vous entourent, restez au milieu d'eux, afin de les moraliser. Vous avez failli et vous voulez vous punir, restez encore. Le moyen de réparer ses fautes est de faire plus de bien que l'on n'a fait de mal, ainsi le veut la loi d'amour et de charité. Ceux qui s'isolent du monde pour se vouer au soulagement des malheureux ont un double mérite. Ils se pla-

cent au-dessus des jouissances matérielles et font le bien en accomplissant la loi du travail. Ceux-là font également le bien qui cherchent dans la solitude le calme nécessaire à l'accomplissement des travaux utiles.

240. — *Le vœu du silence* est une faiblesse. La parole a été donnée à l'homme afin qu'il s'en serve. S'il ne le fait pas, c'est qu'il ne comprend pas les prescriptions de Dieu. Le progrès est à la fois son obligation et sa récompense. Il doit faire servir toutes ses facultés à l'accomplissement de cette loi.

241. — Dieu a donné à toute *mère l'amour de ses enfants*. L'intérêt de leur conservation le voulait ainsi. Pour les êtres dont la vie est toute matérielle, la tâche de la mère est remplie quand les petits peuvent se suffire à eux-mêmes. Dans la race humaine, cet amour arrive à la vertu, par la durée qui est de toute la vie, comme par le dévouement et l'abnégation qu'il comporte. Il survit même à la mort et suit l'enfant au-delà du tombeau. La *famille* ne doit pas se séparer: une destinée particulière est tracée à l'homme. Il a un but, le progrès intellectuel et moral. La Sociabilité est le moyen qui l'y conduit. Les relations de famille rapprochent les hommes, les disposent aux rapports sociaux et les habituent à s'aimer en frères. Voilà pourquoi Dieu veut que les enfants restent autour de leurs père et mère, et que les devoirs des uns et des autres survivent à la satisfaction des besoins de la vie physique. L'égoïsme s'accroît si les liens de famille se relâchent.

On a vu, par exception, des mères haïr leurs enfants, et des familles troublées par la discorde.

Des Esprits ont pu choisir ces situations comme épreuves ou comme expiation, si dans une autre existence ils ont méconnu leurs devoirs de père ou de fils. Une mauvaise mère est l'incarnation d'un Esprit inférieur et il sera tenu compte à l'enfant des obstacles qu'il aura rencontrés. Les parents ont charge d'âme, leur mission est de conduire, maintenir ou ramener leurs enfants dans la bonne voie. Leur vigilance doit s'exercer dès la plus tendre enfance; ils ne sont absous et récompensés de leurs peines, ainsi que de leurs chagrins, que s'ils ont tout mis en œuvre pour l'accomplissement de leurs devoirs. (Voir n°ˢ 140 et suivants).

242. — *L'homme et la femme sont naturellement égaux,* puisqu'ils sont l'incarnation d'esprits doués des mêmes aptitudes.

L'inégalité de fait n'est qu'un abus de la force sur la faiblesse. L'homme et la femme sont destinés à être unis. Ils doivent s'aider mutuellement à supporter une vie d'épreuves. La force de l'un indique la part qu'il doit prendre dans l'œuvre commune. Elle lui a été donnée pour qu'il protège et non pour qu'il asservisse sa compagne. Les travaux extérieurs et ceux qui sont les plus rudes doivent être exécutés par lui. La faiblesse de la femme montre au contraire qu'elle doit être seulement chargée des travaux faciles et sédentaires. Cette part n'est pas la moins importante. C'est la mère qui doit guider les premiers pas de l'enfant.

L'égalité des droits entre l'homme et la femme procède de la loi divine : tout privilège accordé à l'un ou à l'autre est contraire à l'équité. L'émanci-

pation de la femme marque le progrès de la civilisation.

243. — *L'avancement général dépend de l'amélioration individuelle.* L'homme se développe de
lui-même et par sa propre force, mais tous ne progressent pas en même temps et de la même manière ; les plus avancés aident les retardataires.

L'amélioration morale ne suit pas toujours immédiatement le progrès intellectuel; elle en est néanmoins la conséquence nécessaire. Ces deux forces
finissent toujours par *s'équilibrer. Le progrès
est permanent :* ceux qui veulent entraver la marche de l'humanité sont châtiés. L'eau s'élève et surmonte l'obstacle qu'on lui oppose. Régularisez le
cours du fleuve, mais ne tentez pas de le ralentir,
de l'arrêter ou de le forcer dans sa marche. Un progrès régulier et lent résulte de la seule force des
choses.

On ne peut nier le progrès, car les modifications
apportées successivement à toutes les législations
en sont une preuve irrécusable. A certaines époques, il est vrai, le progrès intellectuel, dévelop-
pant l'ambition et l'amour des richesses, semble
donner à l'orgueil et à l'égoïsme un redoublement
d'activité, mais le bien suit le mal. Excité aux
recherches qui éclairent sa raison, l'homme est
bientôt conduit à reconnaître qu'en dehors de la
jouisance des biens terrestres, il est un bonheur
infiniment plus désirable.

244. — L'état actuel de peuples qui jadis ont été
civilisés n'est pas un démenti donné à la loi du progrès des individus et des groupes nationaux. A
côté de ces *peuples déchus,* il s'en trouve *d'autres*

plus avancés que ne le furent les premiers au temps de leur splendeur. Cette supériorité tenait à l'incarnation parmi eux d'Esprits qui sont allés se produire chez les peuples nouveaux ou dans des mondes plus avancés. La déchéance actuelle provient de ce qu'ils ont laissé la place à des Esprits inférieurs.

L'initiative du progrès est l'œuvre des premières générations et celles-ci profitent au retour des conquêtes ultérieures comme leur descendance immédiate a profité de leurs travaux. Les unes et les autres se succédant réciproquement, revivent chaque fois avec de meilleurs compagnons et dans des conditions moins difficiles. Toutes peuvent ainsi se perfectionner dans un milieu civilisé qui est en partie leur œuvre. Les *races corporelles* qui ne permettent plus aux Esprits de progresser dans leur union avec elles sont détruites, et Dieu ne déshéritant personne, les Esprits qui s'y sont incarnés émigrent dans les nouvelles races. Ils arrivent comme les autres. Les peuples, comme les individus, ont la vie intellectuelle et morale. Ceux dont les lois s'harmonisent avec les lois éternelles du Créateur vivront et serviront d'exemple aux autres peuples. Ceux dont les lois restent empreintes d'égoïsme périront comme tant d'autres. Là est le problème du progrès de notre humanité tout entière.

Quand tous les peuples seront au même niveau de civilisation morale, la terre ne recevra que de bons Esprits vivant entre eux dans une union fraternelle, et les mauvais n'y pouvant trouver place auront dans les mondes inférieurs le milieu qui leur convient, jusqu'à ce qu'ils se soient rendus dignes de venir sur la terre transformée.

245. — L'Esprit s'améliore lentement. La *civilisation* est un pas vers le bien. La fleur précède le fruit. Quand la moralité sera aussi développée que l'intelligence, la civilisation s'épurera. Elle chassera devant elle l'égoïsme, l'orgueil et la cupidité, que remplaceront la bonté, la bonne foi, la bienveillance et la générosité réciproques. L'intelligence pourra se développer avec liberté. Les distinctions de caste ou de naissance, incompatibles avec le véritable amour du prochain, seront supprimées. Les lois ne consacreront aucun privilège ; elles seront les mêmes pour tous ; la justice s'exercera sans partialité. La vie de l'homme, ses croyances et ses opinions seront respectées. Il n'y aura point de malheureux, et nul ne manquera du nécessaire.

246. — La *législation humaine* progresse. La loi naturelle bien comprise suffirait pour régir la société, si on avait la volonté de la pratiquer ; mais la société a ses exigences et il lui faut des lois particulières. Celles-ci acquièrent de la stabilité à mesure qu'elles se rapprochent de la véritable justice et qu'elles s'identifient avec la loi naturelle. Les réformes se font par l'influence des gens de bien qui conduisent les sociétés dans la voie du progrès. La législation répressive et pénale n'est pas le *meilleur moyen d'action sur les hommes, c'est l'éducation. Celle-ci tarissant la source du mal, il n'y a plus à le punir.*

247. — Une impulsion efficace et nouvelle sera donnée au progrès. La croyance au monde invi-

sible, ainsi qu'à la succession des existences amé-
lioratives, deviendra une croyance vulgaire et elle
marquera une nouvelle ère dans l'histoire de l'humanité ; mais il lui faut le temps de se produire.
Les idées ne se transforment qu'à la longue ; elles
suivent les générations qui s'y sont attachées. Les
croyances disparaissent peu à peu avec ceux qui
les professaient, tandis que les idées nouvelles se
produisent et se développent avec les nouveaux
venus. Le matérialisme est une des plaies passa-
gères de la société. La vie future n'étant plus voilée
par le doute, l'homme reconnaîtra que le présent
lui permet d'assurer son avenir, et appliquant la
loi de solidarité qui de chacun fait un frère pour
tous les autres, il se délivrera des préjugés de
sectes, de castes et de couleurs.

Ce n'est pas au moyen de prodiges que Dieu
ramène les hommes. Il veut qu'ils aient le mérite
de l'étude et qu'ils arrivent à la conviction par le
raisonnement.

248. — Soumis aux mêmes lois, tous les hommes
tendent au même but. Enfants et créatures de Dieu,
ils sont tous *égaux* devant leur Père commun ;
nul n'est d'une substance supérieure.

249. — *L'inégalité des aptitudes* n'est qu'apparente et temporaire. Dieu crée tous les Esprits
identiques. Il les crée simples et ignorants. Parmi
les contemporains, ceux-là ont plus d'expérience
qui ont vécu soit plus longtemps, soit plus utile-
ment. Quelques-uns ont fait un meilleur usage de
leur volonté, et par l'effet de leur libre arbitre, ils
ont travaillé plus activement à se perfectionner.
Ce mélange des différents degrés fait que chacun

concourt à l'accomplissement de l'œuvre générale. Ce que l'un ne fait pas, l'autre l'exécute.

Une apparence d'inégalité provient aussi de ce qu'à raison de la solidarité des mondes, *il y a, parmi nous, des Esprits plus avancés* qui poussent les hommes dans la voie du bien et leur enseignent la loi de charité qui doit les unir.

250. — Œuvres de l'homme, les *inégalités accidentelles* disparaîtront avec l'orgueil et l'égoïsme dont elles procèdent. Il ne restera que l'inégalité du mérite. Entre le sang d'un homme et celui d'un autre, il n'y a pas de différence. L'Esprit seul est plus ou moins amélioré, et cela ne dépend aucunement de la position sociale. Malheur à ceux qui abusent de leur supériorité; ils renaîtront et, dans leur nouvelle existence, des représailles et l'oppression les attendent.

251. — Il faut flétrir ceux qui acquièrent par des voies condamnables. Honte à ceux qui convoitent les biens de leurs parents et forment le désir de posséder promptement ces richesses dont la mort doit les rendre maîtres.

L'inégalité des biens est une conséquence de celle des caractères et des facultés. Elle est dans l'ordre. Elle ne disparaîtrait un jour que pour se reproduire le lendemain, ramenée par les mêmes causes, lesquelles n'auraient pas disparu. En pratiquant la loi de justice, c'est-à-dire en supprimant l'égoïsme, les hommes arrivent facilement à donner à chacun le bien-être relatif qui lui suffit. Chacun pourrait employer son temps à sa guise, et comme les goûts sont différents, aucun travail utile ne resterait à faire. L'équilibre est possible en tout ; c'est l'homme qui le dérange. Faute de veiller sur l'éducation de nos frères, nous sommes responsables de leur misère.

252. — Le plus souvent, ce n'est pas Dieu qui donne la richesse ou impose la pauvreté. Nous choisissons nous-mêmes l'une ou l'autre à titre d'épreuve. De chaque côté, la difficulté est grande. L'indigence provoque le murmure contre la Providence ; mais la richesse pousse à tous les excès. Elle crée, en outre, des devoirs d'autant plus positifs envers les autres hommes, que l'on a plus de moyens de leur être utile. Souvent aussi la fortune échoit à un homme afin de lui fournir l'occasion de réparer une injustice. Heureux quand il le comprend ! Si, obéissant à l'impulsion de celui qui l'a commise et agissant en son nom, il accomplit son œuvre, la réparation leur profite à tous les deux.

253. — C'est l'orgueil qui élève des monuments somptueux, construits d'après l'ordre soit de ceux dont ils doivent renfermer les restes, soit de parents qui veulent se glorifier eux-mêmes et faire parade de leur richesse. La pompe des funérailles est justifiée, si elle a pour but d'honorer la mémoire d'un homme de bien. Alors, elle est louable et d'un bon exemple.

254. — L'homme est libre en ceci qu'il n'appartient qu'à lui-même. La vie de relation est une nécessité, et la solitude est une abstraction irréalisée autant qu'irréalisable. Chacun a par suite des droits à respecter et des devoirs à remplir. Le premier usage que chacun doit faire de sa liberté, c'est d'accepter le sort que sa naissance lui a fait, d'accomplir exactement les devoirs que cette con-

dition lui impose, comme de n'employer, pour en adoucir les rigueurs, que la pratique du bien et les moyens admis par la loi humaine.

Chacun doit en résistant au désir de faire le mal, renoncer au pouvoir de le réaliser, et ne mettre son intelligence et toutes ses facultés en œuvre que pour faire le bien, c'est-à-dire son devoir.

255. — La loi de Dieu défend toute sujétion absolue d'un homme à un autre homme, ainsi que l'abus de la force qui en est la cause. Les mœurs qui autorisent l'esclavage sont à réformer. Ceux qui en profitent sont coupables dès qu'ils comprennent que celui dont ils font leur esclave est leur égal devant Dieu, leur Père commun. *Nulle race humaine n'est destinée à servir*. Faites de la même matière, animées par les mêmes esprits, elles sont égales. Celles qui sont fortes et avancées doivent aide et protection aux autres. Ce n'est pas à dire que les esclaves soient autorisés à recourir à la révolte, il n'en est rien : *La soumission volontaire est le premier devoir de tout homme envers Dieu qui l'a placé dans une condition choisie ou méritée.*

256. — *La liberté de penser* dont l'homme jouit est sans limite. Il est sous ce rapport comptable envers Dieu seul.

En tant que pensée intime, la croyance religieuse est libre comme toute autre sous le contrôle de Dieu. L'homme ne saurait y apporter des entraves. Que sert de contraindre pour ne faire que des hypocrites. Laisser l'opinion libre, c'est montrer que l'on est sur la route de la vraie civilisation et du progrès.

Toute conviction est respectable quand elle est sincère, et qu'elle mène à la pratique du bien. Celle qui conduit au mal est seule blâmable. Se moquer de la croyance d'autrui, c'est manquer de charité, et attenter à la liberté de penser. Si la répression des actes extérieurs est possible et nécessaire, la conscience intime est inaccessible. Il faut chercher à ramener dans la voie de la vérité ceux qui s'égarent, mais il faut employer seulement la douceur et la persuasion. La force est impuissante, car la conviction ne s'impose pas.

La doctrine la meilleure est celle qui entraîne le plus de gens à pratiquer, dans la plus large acception, la loi d'amour et de charité.

Repoussons comme fausse et pernicieuse celle qui, établissant entre eux des catégories, désunit les enfants de Dieu.

257. — L'homme n'est pas contraint irrésistiblement par les dispositions qu'il apporte en naissant. Sa conscience l'avertit de résister, et *s'il le veut fermement, il le peut.* L'oblitération des facultés ôte à l'homme le libre arbitre avec la disposition de sa pensée. Elle peut être momentanée, et si elle est, comme en cas d'ivresse, le résultat d'un acte volontaire, il y a double faute.

258. — L'Esprit en s'incarnant a fait un choix *et s'est constitué une sorte de destin* qui est la règle de la position où il se trouve ; c'est en cela que la *fatalité* existe ; *mais en présence de l'épreuve, fatale seulement quant à sa survenance, l'Esprit conserve toute sa liberté de céder ou de résister ; le dénouement sera fait en bien ou en mal selon qu'il le voudra.*

L'instant de la mort est fatal; quand il est venu, il faut partir par un moyen ou par un autre; tant qu'il n'est pas arrivé, rien n'est à craindre. Les périls que nous courons sont des avertissements que Dieu, dans sa bonté, nous a ménagés pour nous rendre meilleurs. Il faut se préparer à partir au moment où l'on vient d'échapper à un danger et quand on se trouve encore sous l'influence de la crainte.

L'Esprit sait que le genre de vie qu'il suit expose son corps à mourir de telle manière plutôt que de telle autre : mais il sait également que si Dieu le permet sa fin sera différente. Chacun a choisi son épreuve : plus elle est rude, puis il s'élèvera, s'il la supporte avec énergie. Ceux qui passent leur vie dans l'abondance et le bonheur humain s'exposent à demeurer stationnaires. Si le nombre des infortunés l'emporte de beaucoup sur celui des heureux de ce monde, c'est que les Esprits cherchent, pour la plupart, l'épreuve qui leur sera la plus avantageuse, c'est que chargés d'un passé coupable, beaucoup ont de nombreuses dettes à payer. Les grandeurs et les jouissances ne sont guère désirables, beaucoup en voient trop bien la futilité.

Nul ne doit, ici-bas, se plaindre de son sort, puisqu'il l'a choisi comme épreuve ou le subit comme expiation nécessaire; *mais chacun doit remercier Dieu de ce qu'il a fait du soulagement des misérables la condition du progrès de tous et surtout de ceux qui ont le plus de moyens d'être utiles.* (V. n. 237).

259.—*L'avenir est en général caché à l'homme,* et Dieu n'en permet la révélation que dans des cas rares et exceptionnels. Il en doit être ainsi dans notre intérêt et en vue de notre liberté d'action.

Chacun doit concourir à l'accomplissement même de ce qu'il voudrait empêcher. L'avenir peut être révélé soit comme épreuve, soit afin d'activer les événements qui doivent se produire.

260. — La *prescience divine* ne saurait nuire à la liberté humaine, car elle est sans action sur ce que fera l'homme dont la volonté seule détermine les actes. C'est cette liberté qui est la cause de la responsabilité. Elle caractérise le mérite de la résistance et la faute de la chute; elle motive la récompense et le châtiment.

261. — Le sentiment de la *justice* est inné chez l'homme. Dieu l'a mis dans son cœur. Le progrès moral le développe, mais ne le donne pas. Il serait une règle infaillible de conduite, si l'homme ne le laissait altérer par ses passions. *La justice consiste dans le respect des droits de chacun, tels que les déterminent la loi divine et la loi humaine.* Les droits établis par la loi humaine varient avec le progrès des mœurs. Ceux qui procèdent de la loi divine sont immuables comme elle. Ils ont pour base ce précepte de charité : « *Vouloir pour « les autres ce que l'on voudrait pour soi-même.* » Dieu ne pouvait donner à l'homme un guide plus sûr que son propre jugement. Dans l'incertitude de ce qu'il doit faire pour son semblable, qu'il se demande ce qu'il voudrait que fît pour lui son semblable placé dans les mêmes conditions.

La limite du droit de chacun se pose à la limite du droit qu'il reconnaît à autrui dans la même circonstance.

Les droits naturels sont les mêmes pour tous les hommes. Tous les corps sont du même limon, toutes les âmes sont de la même substance. *Jusqu'à ce que chaque homme, juste appréciateur de sa force et de sa faiblesse, sache se soumettre à celui qui, par ses vertus et ses talents, méritera de commander, qu'il obéisse aux supérieurs que son état et sa condition lui donnent.* —

262. — Le premier de tous les droits naturels de l'homme est celui de *vivre*. L'homme a par suite le droit d'*économiser* pour le temps où il ne pourra plus travailler; *mais il doit le faire en famille, par des moyens honnêtes et sans préjudice pour autrui.* Ce que l'homme acquiert ainsi est une *propriété légitime.* Il est mal d'amasser en vue de soi seul et pour satisfaire ses passions personnelles. Il est bien de recueillir les fruits de son travail en vue de venir en aide à ses semblables.

263. — Bon vouloir à l'égard de tous, indulgence affectueuse pour les imperfections d'autrui, pardon des injures, voilà ce qu'est la *charité. Elle est le complément de la justice*, car aimer son prochain, c'est lui faire tout le bien possible, celui que l'on vaudrait obtenir des autres.

Tel est le sens des paroles de Jésus : *Aimez-vous les uns les autres comme des frères.* Il faut encore, ainsi que l'a dit Jésus, *aimer ses ennemis,* c'est-à-dire leur pardonner, et leur rendre le bien pour le mal. Par là, on leur devient supérieur; en se vengeant, on se met à leur rang, si ce n'est au dessous d'eux. Il ne faut pas réduire l'homme à demander l'aumône. Il doit être pourvu aux besoins du faible sans humiliation pour lui. L'existence de

ceux qui ne peuvent travailler ne saurait être lais-
sée à la merci du hasard et de la bonne volonté
individuelle. Il faut aller au devant du malheur, et
ne pas attendre ses sollicitations. Ne méprisons
pas les gens ignorants et vicieux. Loin de là, ins-
truisons-les, et dirigeons-les vers le bien. Mon-
trons de la douceur et de la bienveillance à ceux
qui sont nos subordonnés. Témoignons du respect
pour les gens sages et vertueux. (V. n⁰ˢ 220 et
279).

264. — Il y a vertu toutes les fois qu'il y a résistance volontaire à l'entrainement des mauvais penchants. Toutes les vertus ont leur mérite, parce que
toutes sont des signes de progrès dans la voie du
bien. *La plus méritoire est celle qui est fondée
sur la charité la plus désintéressée.* Quand le
progrès est accompli, il n'y a plus de lutte, et le
bien étant devenu une habitude, les bons sentiments ne coûtent plus. Ceux qui n'ont plus à lutter
sont des travailleurs dont la tâche est accomplie.

Ce qui chez nous est l'exception, est la règle dans
les mondes plus avancés. Le sentiment du bien y
naît spontanément. Une seule mauvaise intention y
serait réputée monstrueuse.

265. — L'attachement aux choses matérielles est
un signe notoire d'infériorité. Plus l'homme y
tient, moins il comprend sa destinée; par le désintéressement, au contraire, il prouve qu'il se sent
appelé à un meilleur avenir.

266. — Les prodigues répandant leurs richesses
sans discernement ont le mérite de la générosité.
Celui des actions utiles qu'ils pouvaient accomplir
leur échappe. *La fortune n'est qu'un dépôt dont*

les riches devront rendre compte. Ils auront à répondre de tout le bien qu'il était en leur pouvoir de faire et qu'ils n'auront pas opéré, de toutes les larmes qu'ils auraient pu sécher avec ce qu'ils ont entassé, ou dépensé mal à propos.

267. — Il faut être utile au prochain par charité, c'est-à-dire avec désintéressement et sans arrière-pensée de récompense actuelle ou future. Le bien doit être accompli pour le seul plaisir d'être agréable à Dieu et de soulager la souffrance d'autrui. Celui qui agit sous cette seule impulsion avance dans la bonne voie. Il atteindra le but beaucoup plus tôt que si, plus positif, il eût agi par calcul. Supputer ce que chaque aumône peut rapporter dans la vie future ou dans le temps présent, c'est être égoïste.

268. — Le coupable qui combat ses passions et corrige son caractère en vue de se rapprocher de Dieu, *reprend le chemin que chacun doit suivre.*

269. — Il est utile d'acquérir des connaissances scientifiques qui se rapportent aux choses et aux besoins matériels, parce qu'elles permettent à celui qui les possède d'être utile, à ses semblables, et parce que toute étude sert au développement de l'Esprit, qui doit savoir tout ce qu'il est possible d'apprendre.

270. — Celui qui, après avoir souffert, devient *riche* et emploie exclusivement sa fortune à son profit personnel, est plus coupable que celui qui né dans l'opulence agit de même. Le premier connaît la douleur qu'il ne soulage pas ; malheureusement pour lui, trop souvent il ne s'en souvient plus.

271. — Celui qui prétend amasser pour laisser à

ses héritiers, fait un compromis avec sa conscience. De deux *avares*, celui qui se refuse le nécessaire est moins coupable que celui qui satisfait ses goûts et ses passions ; le premier a trouvé une partie de sa punition, le second est encore plus égoïste qu'avare.

272. — On peut désirer la *richesse* pour être utile ; mais est-on bien sûr de ne pas la désirer d'abord pour soi ?

273. — Etudier les défauts des autres pour les divulguer ou critiquer, c'est manquer d'indulgence et par conséquent de charité. Il ne faut s'eccuper des défauts des autres que pour les éviter soi-même. Que le spectacle de l'avarice, de l'orgueil et de la dureté nous rende généreux, modestes et doux ; que la vue de celui qui agit avec petitesse mette de la grandeur dans toutes nos actions.

274. — Celui qui sonde et dévoile les plaies sociales est coupable ou non, selon le sentiment qui le détermine. C'est une question de conscience qui le regarde. Son œuvre est fâcheuse plus souvent qu'elle n'est utile, car les exemples ressortant des tableaux qu'il représente nuisent plus souvent qu'ils ne profitent.

275. — La morale sans les actions, c'est la semence tombée sur la pierre. Le moraliste qui ne pratique pas les maximes qu'il prêche aux autres, renonce à en cueillir les fruits. Il est plus coupable, puisqu'il a plus d'intelligence.

La loi morale a, comme les lois physiques, sa sanction nécessaire. Toute bonne action amène sa récompense, comme toute faute entraine sa punition.

276. — L'homme qui progresse a nécessairement conscience de son amélioration ; il a droit d'en être satisfait dans son for intérieur ; mais s'il en tire vanité, il tombe dans un travers différent et perd d'un côté ce qu'il a gagné d'un autre.

277. — Une passion devient pernicieuse dès qu'elle échappe à notre direction, et qu'il en résulte un préjudice quelconque pour soi ou pour autrui. *L'homme pourrait toujours vaincre ses mauvais penchants* par ses efforts, et souvent il lui en coûterait bien peu ; mais il n'essaie pas d'engager une lutte dans laquelle la victoire serait le plus ordinairement bien facile. Une prière adressée à Dieu et à ses protecteurs célestes fait voler au secours de celui qui combat toute une légion de bons Esprits dont la mission est de lui venir en aide. Celui qui, par infériorité, se complait à subir l'influence de ses passions, croit seul qu'il ne saurait les dompter. Il dit du bout des lèvres : *Je veux ;* mais il manque d'une volonté réelle. Le moyen le plus efficace de combattre la prédominance de la matière corporelle, c'est, en faisant abnégation de soi-même, de ne la compter pour rien.

278. — Le vice radical sur la terre, c'est l'*égoïsme.* De lui dérive tout le mal. Incompatible avec la justice, l'amour et la charité, il neutralise toutes les autres qualités. Le détruire serait couper le mal dans sa racine. Il faut réformer celles des institutions humaines qui l'entretiennent et l'excitent. En s'épurant au moyen d'incarnations successives, l'Esprit se débarrasse de l'égoïsme comme de toutes autres impuretés. Notre état actuel de civilisation semble provoquer l'égoïsme ; mais plus le mal est

grand, plus il est hideux, et alors vient le désir de l'extirper. Ce moment est proche. Bientôt on verra les hommes s'entr'aider réciproquement. Sous l'impulsion du sentiment mutuel de la solidarité, le fort sera l'appui du faible, et la loi de justice et de charité étant pratiquée, l'on ne verra plus personne manquer du nécessaire.

L'égoïsme est fondé sur l'importance donnée à la personnalité ; la connaissance *de la vie future, qui n'est qu'une suite de retours successifs à la vie terrestre,* fait voir les choses de si haut, que le sentiment de la personnalité s'efface et disparaît en quelque sorte devant celui de la solidarité. En se répandant, cette doctrine anéantira l'égoïsme qu'elle frappe dans son principe. La charité et la fraternité seront la base des institutions sociales et des rapports légaux des peuples comme des individus les uns à l'égard des autres. L'homme songera moins à sa personne, quand il verra que d'autres s'en sont occupés.

279. — *L'homme de bien* véritable est celui qui pratique la loi dans toute sa pureté. Loin de faire le mal, il fait autant de bien que possible. Il considère tous les hommes comme ses frères et ses égaux. Il respecte leurs droits et il agit à leur égard comme il voudrait que l'on se conduisit envers lui-même. Il fait le bien pour le bien, sans attendre de retour. Il sacrifie son intérêt à la justice. Il est bon, humain et bienveillant pour tous, sans acception de races ni de croyances. *Si Dieu lui a donné la richesse et la puissance, il les regarde comme un dépôt dont il doit user pour l'avantage de ses semblables.* Il traite avec bonté

ceux qui sont placés sous sa dépendance. Comme il est sans orgueil, il veut que tous aient le senti- ment de leur dignité. Il compatit aux faiblesses. Il sait que le maître à dit : « Que celui qui est sans péché lui jette la première pierre. » Il oublie les offenses pour ne se rappeler que les bienfaits, car il se souvient de la parole de Jésus : « Pardonnez, afin qu'il vous soit pardonné. » (Voir le no 263.)

280. — On peut parvenir à *se connaitre soi- même* en consultant l'opinion d'autrui, celle sur- tout de ses ennemis. Ils nous avertissent avec plus de franchise que nos amis. Le meilleur moyen est d'ailleurs de s'interroger soi-même sur l'em- ploi de son temps. Celui qui rappellerait chaque soir toutes les actions de sa journée et se deman- derait ce qu'il a fait de bien ou de mal, celui-là acquerrait une grande force pour se perfectionner : ne saurait-il pas à quoi s'en tenir sur la valeur de ses actes, quand il aurait examiné le but en vue duquel certains d'entre eux ont été accomplis ? — Ne blâmerait-il pas dans un tiers tel acte auquel il s'est livré ? — Oserait-il avouer telle pensée, telle parole ou telle action ? — S'il rentrait tout à coup dans le monde des Esprits ou rien n'est ca- ché, ne craindrait-il aucun regard ? Ses réponses à ces diverses questions procureraient le repos à sa conscience ou lui indiqueraient une plaie qu'il faut guérir.

281. — L'homme ne saurait obtenir sur terre un *bonheur complet*, puisqu'il y vient afin de se dé- vouer, d'être éprouvé ou d'expier ; mais il dépend de lui d'adoucir ses maux dont il est l'auteur. Qu'il pratique la loi et il se procurera le genre de félicité

que comporte son existence grossière. Occupé de sa vie future, il verra dans la vie corporelle une station temporaire et dans les tribulations de celle-ci les accidents passagers d'un voyage difficile, mais indispensable. Il est une somme de bonheur que chacun peut acquérir.

Les besoins matériels sont faciles à contenter, c'est ce que l'on voit en regardant au dessous de soi. Il est permis à chacun de trouver dans sa conscience, avec l'espoir d'un meilleur avenir qu'il doit mériter, la force de se résigner et de subir, sans murmure, les maux dont il n'aura pu se préserver. Le plus riche est celui qui a le moins de besoins. Que les parents essaient de connaitre les aptitudes de leurs enfants, afin de ne pas les détourner de leur vocation et de leur ménager cette chance de bien-être et de succès.

Avec nos passions, nous nous créons des supplices volontaires. Les objets de nos désirs se dressent devant nous comme des fantômes qui ne nous laissent aucune trêve et nous poursuivent jusque dans notre sommeil. Dès que nous nous plaçons, au contraire, au dessus du cercle étroit de la vie matérielle et que nous élevons nos pensées vers l'infini qui est notre destinée, nous oublions les *vicissitudes de la vie terrestre*.

282. — Le riche et le pauvre sont également atteints par la douleur que cause *la perte des personnes aimées*. C'est la loi commune ; mais combien cette peine est diminuée pour celui qui a foi dans l'avenir et confiance en Dieu. La douleur ne peut être excessive pour celui qui sait que la séparation finira bientôt, et que même pendant sa du-

rée apparente, toute communication ne sera pas impossible.

283. — Ne nous plaignons ni de l'*ingratitude*, ni de l'*infidélité*; songeons à ceux qui valurent mieux que nous et qui furent délaissés. Abandonné de tous, Jésus a été renié même par ses disciples. Que la satisfaction d'avoir bien fait soit notre récompense en ce monde. L'ingratitude met à l'épreuve notre persistance dans la bonne voie. Il nous en sera tenu compte. Plus tard, nous trouverons des amis qui sauront mieux nous apprécier.

284. — Il y a deux sortes d'affections, celle du corps et celle de l'âme. L'on prend souvent l'une pour l'autre. Celle de l'âme est pure, sympathique et durable; celle du corps est périssable. Il y aura moins d'*unions mal assorties* quand au lieu de chercher à contenter son orgueil et son ambition, on poursuivra le bonheur de l'affection mutuelle. Une association antipathique est une dure expiation, et pour la supporter il faut appeler à son aide toute sa force et toute sa résignation; il faut employer tous les moyens de les accroître.

285. — Le juste est sans crainte devant la mort; il possède, avec la foi, « la certitude de l'avenir; l'espérance lui fait attendre une vie meilleure, et la charité, dont il a pratiqué la loi, lui donne l'assurance qu'il ne rencontrera dans ce monde où il va entrer aucun être dont il ait à redouter le regard. » (*Livre des Esprits*, n° 941.)

La mort n'est effrayante que pour celui qui, au lieu de croire à l'avenir, met toutes ses affections dans les jouissances terrestres qu'il faut quitter avec la vie.

286. — L'oisiveté, le manque de foi et la satiété, voilà les causes du dégoût de la vie et du suicide. Le travail n'a rien d'aride pour celui qui exerce ses facultés dans un but utile. Par lui, la vie s'écoule plus rapidement. La foi donne la patience et la résignation à celui qui agit en vue d'un bonheur plus durable qu'il s'efforce de mériter.

L'homme n'a pas le droit de disposer de sa vie. Placé sur terre par ordre supérieur, il doit attendre que la volonté de Dieu l'en retire. Il veut échapper aux misères et aux déceptions du monde, pense-t-il donc être plus fort que son Créateur, de qui elles lui viennent ? Qu'il demande plutôt assistance à ce Dieu de bonté, toujours prêt à aider les vaillants qui l'implorent.

Que celui qui veut arriver plus tôt à une vie meilleure fasse le bien, et il sera plus sûr d'atteindre son but. Une faute ne saurait lui ouvrir le sanctuaire des élus; il reprendra la tâche qu'il aura désertée.

Celui qui est aux prises avec le besoin et qui se laisse mourir de désespoir se suicide. Il ne sera point absous s'il a manqué de fermeté et de persévérance, s'il n'a pas fait usage de toute son intelligence pour se tirer du bourbier, et si enfin il s'est laissé paralyser par l'orgueil, rougissant de devoir son existence au travail de ses mains.

C'est se suicider que de s'abandonner à des passions qui peuvent causer la mort : c'est manquer de courage, se livrer à la bestialité, et laissant Dieu en complet oubli, se montrer doublement fautif.

Le suicide a, pour celui qui s'en rend coupable, des conséquences très diverses. Il en est une, toutefois, qui est certaine, c'est *la déception*.

Les peines varient, et dans tous les cas elles sont relatives aux causes qui ont amené le suicide. La faute peut être expiée immédiatement, ou dans une nouvelle existence identique à celle dont le cours aurait été interrompu.

L'affinité peut, après la mort, persister entre l'Esprit et le corps, et produire chez quelques suicidés une sorte de répercussion de l'état du corps sur l'Esprit. Celui-ci ressent ainsi, malgré lui, les effets de la décomposition ; il en éprouve une sensation pleine d'angoisses et d'horreur. Il se peut que cet état n'ait d'autre terme que celui assigné à la vie prématurément arrêtée dans son cours.

Malheur à celui qui aura conduit son semblable au suicide : il en répondra comme d'un meurtre.

Autant le suicide est condamnable, autant le sacrifice de la vie est méritoire et sublime de la part de celui qui, sans aucune pensée d'orgueil, se dévoue dans l'intérêt de ses semblables.

287. — Dans tous les temps, l'homme s'est préoccupé de son *avenir*. Quelle que soit l'importance qu'il attache à la vie présente, il ne saurait s'empêcher de considérer combien elle est courte et surtout précaire. Il voit et il sait qu'elle peut être brisée à chaque instant. Un poète invisible a dit :

Quand le soleil brillant dissipe les étoiles,
Es-tu sûr, ô mortel, d'arriver jusqu'au soir ?
Et quand la nuit s'épand en ses funèbres voiles,
Il est un lendemain, pourras-tu le revoir ?

L'homme se demande ce qu'il devient après l'instant fatal. *L'idée du néant répugne à sa raison. Le sentiment d'une existence meilleure est dans le for intérieur de tous les hommes.* Dieu n'a pu l'y placer en vain.

288. — L'Esprit, en s'incarnant, conserve un vague souvenir de ce qu'il a vu, et, par suite, *des peines et des récompenses ;* aussi cette croyance est-elle générale. L'idée que Dieu nous donne de sa justice et de sa bonté, par la sagesse de ses lois, ne nous permet pas de douter que les bons ne reçoivent un jour la récompense du bien qu'ils auront accompli et que les méchants ne soient punis du mal qu'ils auront perpétré.

289. — N'avoir ni haine, ni jalousie, ni envie, ni ambition, ni aucune des passions qui font le malheur des hommes ; n'éprouver ni les besoins, ni les souffrances, ni les angoisses de la vie matérielle, faire le bien en travaillant à l'avancement des autres Esprits, porter à ses semblables un amour sans bornes, connaître toutes choses, voir Dieu et recevoir directement ses ordres, voilà le *bonheur suprême ;* les purs Esprits en jouissent seuls, ceux qui les suivent jouissent d'un bonheur proportionné à leur élévation. Ils comprennent le bonheur de ceux qui sont arrivés avant eux ; ils travaillent à l'atteindre et ils le font avec le calme d'une bonne conscience. L'âme qui est arrivée à un certain degré de pureté goûte déjà le bonheur ; un sentiment de douce satisfaction la pénètre ; elle est heureuse de tout ce qu'elle voit, de tout ce qui l'entoure ; le voile se lève pour elle sur les mystères et les merveilles de la création, et les perfections divines lui apparaissent dans toute leur splendeur.

290. — Les *souffrances* des Esprits qui ont failli sont aussi variées que les causes qui les ont pro-

duites. Elles sont proportionnées a: degré d'infériorité de ceux qui les subissent. Envier tout ce qui leur manque pour être heureux et ne pas l'obtenir, voir le bonheur et ne le point atteindre, regretter avec jalousie, rage et désespoir ce qui les empêche d'être heureux, être en proie aux remords, à une anxiété indéfinissable, avoir le désir de toutes les jouissances et se heurter à l'impuissance de les satisfaire, voilà ce qui torture les méchants. L'avare voit de l'or qu'il ne peut posséder ; le débauché des orgies auxquelles il ne peut prendre part, et l'orgueilleux des honneurs enviés qui le fuient. Il n'y a point de description possible des tortures morales qui sont la punition de certains crimes ; celui-là même qui les éprouve aurait de la peine à les analyser. Celui qui a fait le mal ne peut éviter la vue de ses victimes dont l'image s'est imprimée en son être : leur présence incessante est son châtiment tant qu'il n'a pas expié ses torts.

201. — Pendant la vie extra-terrestre, les souffrances n'ont rien de charnel, mais elles reprennent ce caractère pour l'Esprit qui est réincarné. Selon les fautes qu'il a précédemment commises, il peut être soumis à une dure expiation. Dans sa nouvelle existence, le mauvais riche demandera l'aumône, et sera en proie à toutes les privations de la misère ; l'orgueilleux subira toutes les humiliations ; celui qui abusant de son autorité aura traité ses subordonnés avec mépris et dureté, sera forcé d'obéir à un maître impitoyable. *Toutes les peines et les tribulations de la vie qui ne sont pas une conséquence des fautes de la vie actuelle sont l'expiation des fautes de la vie antérieure.* Toute bonne

action est une semence de félicité ; par contre, jamais l'infraction à la loi de Dieu, et surtout à la loi de Justice, ne reste impunie. Pour être tardif, le châtiment n'est pas moins certain.

292. — Quand celui qui nous paraît juste souffre, ne nions ni Dieu, ni sa justice, mais sans juger le patient, demandons-nous s'il est frappé en expiation du passé, s'il a choisi une dure épreuve afin d'arriver plus vite ou enfin s'il a consenti à souffrir par dévouement pour nous.

293. — Lorsque le *repentir* se produit pendant l'erraticité, l'Esprit demande une nouvelle existence qui lui fournisse l'occasion d'expier ses fautes. Il peut se faire également que le repentir se manifeste pendant l'incarnation. En ce cas, si l'Esprit a le temps de racheter ses fautes, il avance. Pour l'*expiation* des fautes il ne suffit pas de quelques privations puériles. Dieu ne tient aucun compte d'un repentir sans résultat positif. La moindre perte subie en rendant service efface plus de fautes que le supplice de la haire enduré pendant des années, sans autre but que soi-même. La *réparation* n'a aucun mérite si elle n'atteint l'homme ni dans son orgueil ni dans ses intérêts matériels. Celui qui se prive de son vivant a double profit : le mérite du sacrifice et le plaisir de voir les heureux qu'il a faits. Celui qui ne connaît pas le bonheur de donner est à plaindre ; il s'est privé d'une des jouissances les plus réelles.

Le repentir n'est rien sans la réparation ; l'expiation du passé est indispensable. Si elle n'a pas été immédiate, elle devra être faite dans une nouvelle existence. Après qu'il a dépouillé son enveloppe charnelle, l'Esprit reconnaît toujours ses fautes et il en souffre. Le repentir quelquefois est très tardif, mais avec le secours des bons Esprits il finit toujours par arriver.

L'expiation est accomplie pendant l'existence corporelle par les épreuves auxquelles l'esprit est soumis, et dans la vie spirituelle, par les souffrances morales, conséquence des fautes commises.

294. — Dieu n'agit jamais par caprice. Tout dans l'univers est régi par des lois où se révèlent sa sagesse et sa bonté. Il en est ainsi de la durée des souffrances du coupable. Elle est égale au temps nécessaire à son amélioration. A mesure qu'il progresse, ses sentiments s'épurent, ses souffrances diminuent et changent de nature. Dieu n'a pas créé des êtres pour les vouer au mal à perpétuité : il ne les a créés que simples et ignorants, et tous doivent s'améliorer dans un temps plus ou moins long, selon leur volonté. *Tôt ou tard ils sentiront le besoin irrésistible qu'éprouve tout Esprit de sortir de son infériorité et d'être heureux.*

Une condamnation perpétuelle pour quelques moments d'erreur serait la négation de Dieu. Des tortures sans fin ni espoir pour quelques fautes ! Le sens commun repousse une pareille pensée. Le Dieu des chrétiens qui place l'amour, la charité, la miséricorde et l'oubli des offenses au premier rang des vertus, pourrait-il manquer lui-même des qualités dont il fait un devoir ? Il serait contradictoire de lui attribuer la bonté infinie et la vengeance perpétuelle. Le sublime de la justice unie à la bonté, c'est de faire dépendre la durée des peines des efforts du coupable pour s'améliorer. Tel est le sens de ces paroles : « Chacun recevra selon ses œuvres. » — « Vous sortirez de la prison après le paiement de la dernière obole. »

Les Esprits libérés conservent le souvenir et la perception des souffrances de la vie physique, et cette impression est souvent plus pénible que la réalité. Ils patissent soit pour le mal qu'ils ont accompli, soit pour les souffrances qu'ils ont fait endurer aux autres. *Les plus méchants pensent souffrir toujours : pour les punir, Dieu permet que d'abord ils le croient ainsi.*

295. — Le dogme de la *résurrection de la chair n'est que celui de la réincarnation.* Il n'en saurait être autrement, puisque, d'une part, la matière est en quantité finie et que, d'autre part, elle est susceptible de transformations indéfinies. Les corps décomposés ne peuvent se reconstituer identiques. Leurs éléments primitifs, transportés successivement à des milliers d'organismes, ne sauraient se multiplier pour recomposer tous ceux auxquels ils ont été mêlés et qui deviendraient concomitants. Il y a impossibilité matérielle. Il en est de ces paroles, *la résurrection de la chair,* comme de tant d'autres qui ne paraissent déraisonnables que parce qu'on en méconnaît la signification. C'est faute de les comprendre qu'on y trouve des prétextes d'incrédulité. Il n'en sera plus ainsi quand on leur donnera leur vrai sens, qui est la reprise d'un nouveau corps terrestre.

296. — Les peines et les jouissances dépendent du degré d'avancement de l'Esprit; chacun puise en soi-même le principe de son bonheur, ainsi que celui de son malheur. L'Esprit le porte partout où

il peut aller. Le Ciel, que nous disons le séjour des Esprits bienheureux, n'est pas une portion déterminée de la création, c'est l'espace universel, ce sont les mondes supérieurs où ces Esprits jouissent de toutes leurs facultés. Quant aux Esprits incarnés, ils sont plus ou moins heureux ou malheureux, selon que le monde habité par eux est plus ou moins avancé et que leur condition y est plus ou moins précaire. La détermination absolue des lieux de peine ou de récompense n'existe que dans notre imagination. Cette idée a jadis été suggérée à l'homme dont la tendance était de matérialiser et de circonscrire les choses dont il ne comprenait pas l'essence infinie.

Le paradis, le purgatoire et l'enfer ce sont des figures. Le purgatoire et l'enfer ce sont des temps d'épreuves, c'est-à-dire de douleurs physiques et morales plus ou moins pénibles. Le paradis c'est la vie facile et heureuse.

La terre est un lieu d'expiation. Dieu nous y envoie le plus souvent pour expier les fautes que nous avons commises. Il n'en sera pas toujours ainsi, et le bien dominera sur la terre quand parmi les esprits qui viendront l'habiter, les bons seront bien plus nombreux que les mauvais ; alors réalisant ce vœu quotidien des croyants : « que votre règne arrive, que votre volonté soit faite » les hommes pratiqueront ici l'amour et la justice qui sont les sources du bien et du bonheur. Les méchants seront expulsés de la terre devenue un paradis.

L'Eden que certains mondes possèdent est dans l'avenir de la terre. C'est ainsi que privés des jouissances que leurs contemporains avaient acquises et chassés de leur monde perfectionné, la plupart d'entre nous, *arriérés et malfaisants d'une sphère quelconque,* nous avons été, il y a bien longtemps, envoyés pour prendre possession de notre globe. *De même plus tard, s'il en est qui soient indignes de rester sur la terre améliorée, ceux-là en seront exilés, et faute d'avoir mis à profit leurs existences corporelles, ils iront ailleurs en reprendre la pénible chaine.* C'est ainsi que dans chaque monde les exilés d'un monde meilleur apportent avec eux le souvenir du bonheur et l'impression du vice qui les en a fait bannir. *Paradis perdu et péché originel,* idées inséparables, seule explication des misères de la condition terrestre actuelle, seule conciliation de ces misères avec la justice du Créateur. Nous accomplirons la transformation de notre humanité, par la réincarnation de nos esprits améliorés qui constitueront sur la terre de nouvelles et meilleures générations. Les Esprits retardataires méchants ou désireux d'arrêter la marche du progrès seront chassés. Eloignés des hommes de bien dont ils troubleraient la félicité, ils iront dans des mondes moins avancés subir des épreuves et remplir des missions pénibles. Ils pourront travailler en même temps à leur avancement et partager les efforts de leurs égaux. *Cette exclusion de la terre transformée renouvellera la figure du paradis perdu. Alors comme jadis, ceux qui seront frappés le seront à cause de l'état imparfait de leur propre esprit ; ils répondront pour eux-mêmes et seulement pour leurs fautes personnelles.*

Dieu convoque les hommes de bonne foi et de bonne volonté : il les appelle à travailler avec zèle et courage à la grande œuvre de la régénération : il leur fera recueillir au centuple le grain qu'ils auront semé. Malheur à ceux qui ferment les yeux à la lumière, car ils se préparent des siècles de ténèbres et de déceptions; malheur à ceux qui mettent toutes leurs joies dans les biens de ce monde, car ils endureront plus de privations qu'ils n'auront eu de jouissances; malheur surtout aux égoïstes, car ils ne trouveront personne qui les aide à supporter le fardeau de leurs misères. (V. num. 244 et 288).

CHAPITRE HUITIÈME

De l'humanité terrestre. — Les habitants de la terre sont des malfaisants condamnés. Ils souffrent en expiation de fautes antérieures et personnelles.

> Sur la terre, l'homme est en définitive aux travaux forcés.. ... Comment donc expliquer tant de dureté, puisque l'on ne peut mettre en doute ni la toute-puissance ni la bonté de l'auteur du monde... Trouvez si vous le pouvez ailleurs que dans une chute antérieure, la clé des conditions de la terre... Comme si Dieu dans son infinie bonté, n'aspirait pas à voir toutes ses créatures s'élever à lui dans l'innocence et la béatitude, comme si dans son infinie puissance, tout en leur laissant la liberté, il ne leur avait pas assuré la possibilité de se perfectionner sans sortir du bien, lui qui la leur assure alors même qu'elles ont eu le malheur de choir sur les pentes du mal..... La terre est un lieu de souffrance dont on ne peut espérer l'amélioration que moyennant labeur. Vérité de fait sur laquelle se rencontrent parfaitement la science et la religion.
>
> Jean Reynaud, *Terre et Ciel.*
> Intr. p. 13, Liv. p. 164 et 354.

297. — Des vérités indiscutables ressortent de ce qui précède. Dieu existe, l'homme a commencé par l'ignorance et la simplicité ; il naît et renaît plusieurs fois corporellement afin d'acquérir l'état d'avancement que réclame la poursuite de la vie éternelle.

Dieu est le type nécessaire de la justice infaillible. Il ne peut frapper qu'à juste titre, et il doit toujours laisser au coupable le moyen de racheter sa faute. Qui est innocent ne doit être appelé qu'à une vie heureuse, dans le cours de laquelle il remplira le but de la jonction d'une âme avec un corps matériel. Or, d'une part, nous trouvons qu'en ce monde aucun n'est au premier âge de la vie intellectuelle et morale, c'est-à-dire ne se trouve à l'état d'ignorance et de simplicité, et nous observons, d'autre part, que nul n'est heureux.

Nous sommes donc autorisés à conclure que déjà nous avons corporellement vécu, et qu'ayant été coupables, nous sommes condamnés aux peines que nous venons subir sur terre pour notre amendement et qui cesseront dès qu'il aura eu lieu.

Ni l'une ni l'autre des deux situations préindiquées n'est niable en fait. Examinez un à un tous les hommes, en commençant par sonder votre propre conscience et vous n'en trouverez aucun accomplissant ses premiers actes en vertu de ses premières pensées. Il s'en présentera de bien inférieurs ; mais aucun n'offrira les caractères que nous pouvons concevoir comme appartenant à celui qui vient d'émerger de l'acte divin auquel il doit la vie et l'intelligence. Il est permis de dire à l'égard de tous qu'ils ont un passé et que leur vie raisonnée rétrograde en deçà du jour où la personnalité que nous connaissons est apparue parmi nous, en deçà de cette naissance corporelle que nous venons d'enregistrer.

Assurément, ce n'est pas il y a quelques jours qu'est sorti de la pure volonté du Père des âmes, cet horrible enfant dont la perversité nous effraie.

On peut certifier de même que nous n'avons pas vu naître à l'activité intellectuelle ce musicien et ce poète charmants qui, dès leurs premiers chants et leurs premiers vers, n'ont pas connu de rivaux, pas plus que ce savant, et ce mathématicien de dix ans, pour lesquels les problèmes les plus difficiles du calcul ou de la géométrie ne sont qu'un jeu.

Il faut bien également admettre qu'ils existaient avant leur venue parmi nous, ces génies en qui se réunissent toutes les puissances intellectuelles et tous les désordres des passions les plus effrénées.

298. — Regardons la vie de près, elle est ainsi faite qu'on y sent partout une souffrance permanente et implacable, c'est-à-dire présentant un caractère certain de pénalité expiatoire.

L'homme de la terre est un repris de la justice de Dieu.

Races et individus, tout est soumis à la souffrance, partout et toujours. Il n'y a de différence que dans le degré. Il y a eu jusqu'à ce jour similitude parfaite dans l'inutilité des efforts faits afin d'y échapper.

Qui décrira les souffrances de tout genre au milieu desquelles s'est accomplie la destruction parricide de tant de races humaines, cette extermination de tant de peuples divers s'immolant les uns les autres, cette antropophagie des peuplades sauvages ne détruisant les plus faibles que pour venir tomber sous le fer, le plomb, le feu et le poison des nations dites civilisées. Ombres des hommes de l'âge de pierre, ombres des nations oubliées, ombres des indigènes des cinq parties du monde, rappelez-nous vos martyres.

299. — Est-ce être destiné à la souffrance que de naître en coûtant à sa mère des douleurs inouïes, dans le sang, les cris et les larmes, que de naître pour être soumis à tous les maux inhérents à l'organisation défectueuse et changeante d'un corps matériel, pour dépendre de tous par l'enfance et la vieillesse qui nous prennent les deux tiers de notre vie, pour être en proie à mille maladies douloureuses, ou pour tomber victimes d'un de ces accidents qui nous enlèvent, à nous vivants, l'usage d'un de ces sens bornés qui sont cependant les conditions nécessaires de notre existence ?

Les lambris dorés, comme les lits de nos hôpitaux ou les grabats de nos mansardes, ne nous disent-ils pas le secret de ces douleurs, ce que sont et ce qu'ont fait ces aveugles, ces muets, ces sourds, ces paralytiques et ces infirmes qui traînent avec peine un souffle de vie, aussi impuissants à vivre qu'à mourir.

300. — Est-ce être voué à la souffrance que d'être soumis à des lois dont la gêne vous est sensible et dont la protection ne vous apparaît pas, qui font de de vous des esclaves ou des serfs, d'être classés dans telle ou telle catégorie supérieure, moyenne ou subalterne, parmi cette horde humaine, dans un monde tout fait, où les uns s'appellent princes et nobles, afin d'être exposés à la haine et aux attentats des inférieurs, et les autres petits, afin d'être foulés aux pieds de leurs chefs, que de naître dans un milieu où les désirs égoïstes sont les seuls mobiles de l'activité ?

301. — Ne sommes-nous pas assujettis à une inexorable loi de souffrance, nous tous qui subis-

sons toutes les difficultés provenant de la rigueur et de la variété des saisons, et plus encore ces milliers d'hommes pour lesquels à ces rigueurs s'ajoute la poursuite de métiers horribles et pourtant nécessaires.

302. — La souffrance avec le même caractère implacable ne nous poursuit-elle pas, torturés que nous sommes par ces myriades de douleurs qui naissent de toutes nos relations de famille et qui nous assaillent depuis que nous avons la puissance de sentir, c'est-à-dire de souffrir.

303. — On a cru qu'il fallait placer ailleurs un enfer : c'est une des plus inutiles conceptions, il n'y en avait que trop en nous et autour de nous.

Soyons sincères avec un monde tel que le nôtre, où tous apportent en naissant un acquis intellectuel, plus ou moins marqué, des tendances plus ou moins personnelles et plus ou moins accentuées, où tous sont victimes de maux plus ou moins terribles ; il faut confesser que pour tous ou à peu près, il y a punition, châtiment ou supplice. Reconnaissons ce que nous nierions en vain : *Nous sommes une réunion de châtiés pour leur malfaisance.*

Que sert de nous tromper ; la solution est trop évidente, nous avons un Créateur, c'est-à-dire un père qui aime ses enfants. Comment oser dire que ce type de justice et d'amour aurait pu infliger des tourments continus à qui ne serait pas coupable.

La plus simple réflexion ne permet pas de croire à des conditions de vie arbitraires ou laissées au hasard, à des imperfections et à des souffrances qu'aucune cause ne justifierait. Elles sont nécessaires à titre d'expiation terrible et méritée d'un passé criminel. C'est la justice universelle satisfaite par la sanction inhérente à la loi, c'est l'âme humaine se punissant elle-même par le seul effet de la force morale attachée à sa nature. Coupables que nous sommes, acceptons qu'on nous parle de faute et de peine, afin *que l'espérance prenne dans nos cœurs la place d'un sentiment désormais sans autre issue qu'une rébellion inutile.*

304. — Cette vérité connue, l'homme ne doit chercher le bonheur que dans son amélioration. Il est ainsi à sa portée et ne dépend que de lui seul ; qu'il réforme son cœur et commande à ses passions ; qu'il soit soumis et résigné. Les fautes engendrent forcément l'expiation et le malheur, comme le repentir et la vertu produisent le bonheur. Il ne tient qu'à nous que le mal n'ait plus qu'un temps et qu'il disparaisse avec l'iniquité dont il procède.

305. — Ne nous disons pas que la révolte est permise contre la nature ou la société, c'est nous tromper ; la société est le résultat de nos méfaits antérieurs, et quant à la nature physique, elle est la force matérielle mise en obstacle devant nous, afin que notre intelligence, travaillant à en connaître les lois, nous la domptions dans l'accomplissement de notre mission, c'est-à-dire de notre peine.

Ce que nous avons été, ce que nous sommes plus ou moins, sauf quelques rares initiateurs qui s'immolent pour nous en partageant nos tourments mérités, avouons-le hautement : *Nous sommes ou nous avons été des révoltés contre Dieu.* Nous irriter, nous insurger contre notre situation, c'est avouer que nous suivons encore la route du mal. Châtiés, nous bravons le châtiment, et nous encourons un surcroît de peine.

306. — Les hommes mésusent de leur liberté. Depuis des siècles, ils l'emploient en vaines insurrections contre la loi invincible. Réfléchissons et consultons nos consciences, alors nous admettrons la justice de notre sort et nous nous humilierons sous le coup de la peine qui nous atteint à bon droit. Cette puissance souveraine dont les hommes refusent orgueilleusement d'accepter l'empire, son nom est écrit partout. L'univers nous crie : reconnaissez la justice vivante, Dieu châtiant les coupables. Ces imperfections dont nous subissons les conséquences, ces souffrances dont nous sommes les victimes, loin d'être inhérentes à des conditions inordonnées, sont attachées à des situations méritées et voulues. Nous pouvons sortir transfigurés de notre chair désagrégée. Nous n'éviterons de nouvelles peines qu'en nous abstenant de nouveaux méfaits.

307. — Homme de la terre, tu ne saurais douter que Dieu, dont toutes les œuvres sont parfaites, t'aurait donné un corps irréprochable, si ton âme n'avait pas failli. Confesse la vérité. Tu es arrivé coupable et sous le coup d'une peine réparatrice d'une faute précédente, rien n'est plus évident. La fable contée à l'humanité primitive n'est fausse que dans l'expression ; attache-toi au fond : ne crois pas à une culpabilité de race et matérielle, mais à une déchéance individuelle, résultat d'une

faute particulière et personnelle. Tout s'explique alors : fils d'un Dieu de bonté, tu ne méconnaîtras plus les ordres et les sévérités d'un père justement rigoureux. Tu ne seras plus en révolte contre la destinée dont tu comprendras la justice et le but. Tu seras résigné dans ta situation présente et tu ne demanderas compte à personne de tes souffrances. Ce sont tes fautes qui t'ont fait jeter dans cette prison terrestre. Tu as peu de droit et bien des devoirs. Tu ne recouvreras l'égalité primitive que tu as perdue qu'après avoir expié. Aie le courage et la force de reconquérir la situation dont tu as été chassé.

308. — C'est se tromper que de dire avec certains philosophes : « L'homme est un être qui, doué de sensibilité, d'intelligence et de raison, est soumis à des passions. » Cela peut être vrai de l'homme en général ; mais quand on parle spécialement de l'homme terrestre, il faut proclamer avant tout que c'est un être dévoyé et, par suite, puni. Cette dernière assertion est vérifiée. La vraie philosophie, d'accord avec la religion, doit s'attacher à la faire prévaloir. On a tenté d'obscurcir cette solution, mais la négative conseillée par l'orgueil ne saurait être soutenue : c'est la protestation du coupable pris en flagrant délit.

309. — De cette démonstration que l'homme de la terre est un malfaisant châtié, une conséquence est saisissante. C'est que s'il tente d'échapper à sa destinée par la révolte et la violence, le dispensateur des épreuves et des rôles lui rendra sans retard le sort qu'il aura voulu fuir.

310. — Une conséquence non moins évidente,

c'est que les lois civiles et sociales, destinées à un assemblage de méchants et de maudits, auront un tout autre caractère que celles établies pour une réunion d'êtres intelligents et passionnés, qui n'auraient point à s'inquiéter d'un passé qui n'existerait pas. Ceux-ci seraient fondés à prendre pour directrice souveraine une raison qui n'aurait jamais failli. Ils n'auraient pas à craindre une résistance insurmontable de passions jusqu'alors inactives, pas plus qu'ils n'auraient à compter avec le caractère pénal des situations. C'est faute de comprendre cette vérité primordiale que les utopistes de tous les temps ont fait table rase du passé et se sont égarés à la recherche d'abstractions insaisissables et de principes sans applicabilité.

311. — L'erreur est impossible dès que l'homme apparaît comme tenu, sous peine de remise dans un état identique, d'accepter une situation imposée, c'est-à-dire voulue et nécessaire, quelle qu'en soit la rigueur, comme forcé de se résigner dans sa condit-on présente, résultat de ses actes personnels, et comme subissant une peine dans la prison terrestre où ses propres fautes l'ont conduit et dont il ne sortira qu'après s'être complètement libéré.

Chacun possédant cette idée nette de la destinée humaine, commandée par le passé des âmes, proclamera que l'expiation terrestre doit être acceptée sans réserve, et qu'il y a lieu de laisser à ceux qui en sont les instruments, la responsabilité qu'ils assument devant notre Maître à tous.

Faisons remarquer, à cet égard, qu'il est commandé aux supérieurs de travailler dans l'intérêt de leurs subordonnés, et que cette règle est appuyée d'une sanction que lui assure l'auteur de la loi morale, et qui ne lui manquera pas plus qu'elle ne fera défaut à la défense faite aux subalternes de recourir à la violence.

312. — Dans une société constituée avec des êtres soumis à raison de leur déchéance à une existence dont le caractère pénal est motivé par des méfaits antérieurs, le but de la loi est de donner à ces condamnés peu repentants, à ces associés peu commodes, la paix relative la moins troublée.

Dans ces conditions, que sera cette loi ? Elle ne saurait être que le résultat de transactions successives. Elle est un compromis de fait. Elle naît de la réaction incessante du sentiment du bien, que le plus déchu ne saurait extirper de sa conscience, de cette réaction luttant contre les combinaisons du mal que soutient la violence. Elle se constitue par la conquête progressive de ce sentiment sur ces combinaisons.

Une loi ainsi réalisée n'a qu'une valeur historique ; mais elle n'en est pas moins respectable dans son existence de fait. Remontez à l'origine d'une institution quelconque, et vous verrez qu'elle a remplacé une coutume plus barbare. Il n'est pas d'exigence ayant, à un moment quelconque, usurpé le nom de droit, qui, si odieuse qu'elle nous paraisse, n'ait été à son commencement un *moins mal*, par rapport à ce qu'elle a remplacé.

La femme et l'enfant ont été les choses du père de famille.

L'homme lui-même, avant d'être l'esclave de l'homme, en avait été le vivre et la victime. L'immolation des prisonniers de guerre a précédé l'esclavage.

Il n'est pas une des coutumes les plus détestées de l'époque féodale qui n'ait été un adoucissement de la férocité des conquérants barbares, ou qui n'ait constitué un mode meilleur d'administration dans une société n'ayant d'activité que pour le pillage et la guerre, et qui, faute d'aptitude au travail, restait ignorante et pauvre.

313. — L'existence de la loi est son seul titre ; mais c'est là un titre irréfragable pour ceux qui l'ont plus ou moins volontairement consentie, parce qu'ils existaient lors de son établissement, comme pour ceux qui sont nés afin de vivre sous son empire.

Le droit historique a pour lui la nécessité de la conservation et le frein de la foi jurée. L'aide de la puissance publique ne doit pas lui manquer ; mais, à son défaut, la sanction attachée à la loi supérieure lui est assurée.

Il est odieux de dire: « La force prime le droit. » C'est un retour en arrière, un pas rétrograde vers la barbarie et la glorification de la violence, ainsi que des crimes et des ruines qu'elle entraîne. C'est être naïf que de dire : « Le droit prime la force. » Ce droit, que chacun constitue à son caprice, ne saurait être une réalité.

Ce que l'on doit tenir pour constant, c'est que la mission des dépositaires de la force positive et constituée est de faire prévaloir le droit réel sur toute rébellion, même sur les prétentions de la justice idéale. La vérité est que tout gouvernement a pour mission de préparer la marche en avant et, en même temps, de mettre au service de l'actualité la force organisée dont il dispose, laquelle doit, avant tout, sauvegarder ce qui est le droit actuel reconnu, c'est-à-dire la plus récente transaction arrêtée entre les prétentions diverses.

314. — Dans une société faite pour des membres tels que nous les avons caractérisés, on parle vainement de donner au droit la base théorique d'une égalité que démentent à tout instant, dans l'application, la différence des états d'intelligence et de moralité, aussi bien que la diversité des aptitudes, des moyens, des tendances et des procédés d'action. Ce n'est pas qu'il y ait entre les âmes des distinctions natives, mais il y a, pour des êtres déchus tels que nous, hommes de la terre, des situations déterminées suivant des règles tracées et dont il ne nous appartient pas de nous affranchir. De plus, si peu d'entre nous possèdent la science et le talent, quelques-uns seulement consentiraient à faire profiter les autres de ces avantages, et très peu seraient disposés à employer leurs facultés dans l'intérêt et pour le profit de tous. Il faut, on le sait, que chacun fasse à autrui ce qu'il voudrait qu'il lui fût fait à lui-même ; mais qui met en action ce précepte ? Chacun est prêt à l'exiger des autres, sans consentir lui-même à la réciprocité.

A cette heure, l'intérêt personnel se trouve le seul levier de l'activité humaine. Si on le supprimait pendant un temps, si court qu'il fût, les hommes périraient de faim. Mieux vaut donc rétribuer l'intérêt personnel au delà de ses mérites que de manquer de tout et de faillir à sa mission.

315. — Depuis qu'elle est habitée, la terre a été,

et elle est encore pour l'immense majorité des hommes, un véritable séjour de douleurs. Les sociétés humaines ont été un enfer pour presque tous les vivants. C'est que presque tous ces contemporains se valaient : tous devaient vivre ensemble et s'amender en même temps. Cette nécessité de vie commune a produit l'état actuel de la civilisation et des sociétés modernes. Pour qu'en fait aussi bien qu'en thèse, il n'y ait plus que des égaux, il faut que tous nous soyons devenus bons. Prétendre à l'un sans pratiquer l'autre, c'est vouloir l'impossible. Le meurtrier et le maître d'hier sont destinés à être la victime et l'esclave d'aujourd'hui. Trouveront-ils à leur tour qui les frappe et les asservisse ? Que chacun essaie d'être juste d'abord et dévoué ensuite. Que ce soit immédiatement, puisqu'il faut que ce soit un jour, puisque nous devrons revenir jusqu'à ce que nous ayons acquis la vertu dont nous sommes capables, jusqu'à ce que le règne de Dieu, c'est-à-dire du bien existant sur la terre, ses habitants parviennent à donner à leurs sociétés le développement dont elles sont susceptibles.

Pour marcher dans cette voie que faut-il ? Qu'avant tout les gouvernés comme les gouvernements acceptent la législation actuelle et que le plus grand nombre soit résolu à employer tout ce qu'il a de force et de puissance pour contenir sous l'empire de ce droit positif quiconque recourrait à la ruse ou à la violence, afin de lui en substituer un nouveau. Il faut que nous devenions meilleurs, et que de ce séjour actuellement si triste nous fassions l'heureuse habitation des justes formant des sociétés honnêtement régies.

316. — Passé néfaste, présent malheureux et avant toute perspective de bonheur, abaissement volontaire et expiation, voilà le lot de la terre et la base de son organisation. *Avant de songer à refaire les institutions, il faut travailler à modifier les hommes.* Les sages ne peuvent que recommander de rompre le cercle vicieux dans lequel roule l'humanité terrestre. C'est pour nous *le seul moyen d'éviter l'invasion d'âmes prêtes à se livrer à des luttes et à des troubles sans cesse renaissants, comme à perpétuer les guerres et les pillages accomplis au milieu du sang et des ruines.*

La violence appelle la violence et sert de prétexte à celle qui est employée à défendre les privilèges abusifs. Il faut toujours supporter avec regret, dégoût et horreur ces luttes funestes qui témoignent de notre ignorance et de notre brutalité persistantes.

Nous, Français, qui, depuis un siècle et plus, donnons aux nations civilisées le funeste exemple de l'orgueil et de la révolte, aurons-nous le courage de revenir du côté de la soumission et de la modestie ? Notre avenir est à ce prix. Gaulois altiers, fiers Sicambres, baissons la tête devant le Tout Puissant. N'ayons plus la folle prétention de corriger ses œuvres, et de mettre notre chétive intelligence à la place des décrets de son éternelle sagesse ; cessons de croire à une souveraineté menteuse qui erre à l'aventure et nous échappe à tout moment. Que loin de vouloir tous commander, nous consentions tous à être les serviteurs de la loi et de l'intérêt général. Mais n'est-ce pas trop demander à un peuple qui ne sait pas distinguer la cause du progrès, c'est-à-dire du bien, des moyens insurrectionnels, c'est-à-dire du mal, à un peuple toujours prêt à se ranger du côté de ces gens pour lesquels une idée n'est qu'un prétexte d'agitation, à un peuple qui ne voit pas que ses hommes d'État choisis le ruinent, et que ses empereurs et généraux élus ont laissé réduire un territoire, toujours agrandi par les rois, les ministres et les maréchaux commandant par droit de naissance, c'est-à-dire de par Dieu.

Mais la vérité n'est pas longue à se manifester, et quelque cinquante ans d'histoire nous montrent sans réplique que nous sommes incapables de faire ces choix que nous prétendons seuls légitimes. Nous avons suivi d'enthousiasme des héros légendaires et revenus tout meurtris de cette course effrénée, nous n'avons pu trouver le repos dans nos maisons en ruines, entourées de terres dévastées. Nous avons mis notre foi en des sauveurs acclamés, nous avons accepté pour chefs de hasard des illuminés fatalistes. Que sont-ils devenus et que sommes-nous devenus avec eux ? Quelques faibles nous craignent encore. Les forts nous ont en horreur et cherchent les prétextes de nous accuser et de nous anéantir.

317. — Proclamons tous que la révolte n'est pas une réponse à l'oppression, que les excitations des impatients doivent rester sans écho, et que les peuples ont à se courber sous la main qui les frappe.

La loi doit être appliquée telle qu'elle est. Nul ne saurait l'améliorer en vue d'un idéal abstrait

indépendant de l'état des mœurs des administrés
comme de l'esprit des administrateurs et des ma-
gistrats. Il ne s'agit pas de bien hypothétique, mais
de mieux réel, et celui-ci ne peut marcher que
parallèlement avec l'amélioration des individus,
c'est-à-dire des membres de la société. Le progrès
ne se décrète pas; il est une conséquence de l'avancement intellectuel et moral de chacun de nous.

318. — Ce n'est pas à dire que certaines institutions ne puissent précéder l'amélioration des
mœurs et les diriger par voie d'exemple, mais ce
sont celles-là seules que les gouvernements peuvent
accomplir et appliquer par leurs propres forces et
de manière que les peuples en ressentent les bienfaits sans avoir à lui donner un concours actif et
volontaire. Ces établissements présentent cet avantage que les misères dont ils procurent le soulagement disparaissent et que la société est en partie
délivrée du fardeau de ceux qui devaient en subir
l'expiation. Les léproseries ont été multipliées et
la lèpre a disparu. Pour qu'elle n'ait pas été rem-
placée par d'autres misères, contre lesquelles se
serait brisé l'effort des hommes, il faut que nul
n'ait encouru de condamnation aussi terrible.

Il n'est pour nous qu'une conquête certaine et
efficace, c'est celle que nous a recommandée Socrate, il y a plus de vingt siècles, la culture de
l'intelligence et la recherche de la vertu ; c'est
celle que le Christ a rappelée, quand il a dit à ceux
qu'il guérissait : « Allez et ne péchez plus », et à
tous : « N'encourez pas de condamnation, car vous
paierez jusqu'à la dernière obole. »

319. — Ce qui est surtout profitable, c'est l'effort

individuel se rattachant à l'amélioration morale de chacun de nous. Aussi devons-nous hâter de tout notre pouvoir ce qui est fait par l'initiative et avec l'assentiment personnel de ceux qui souffrent, l'entreprise de ces œuvres qui sont accomplies avec le concours volontaire et conscient de ceux qui doivent en profiter. Elles produisent seules des résultats définitifs. Les mesures émanant de l'initiative des pouvoirs publics sont d'un bon exemple et fournissent des enseignements utiles ; mais par cela même qu'elles n'ont pas l'aide de ceux dont elles tendent à améliorer la situation et qu'elles n'impliquent pas la moralité de ceux-ci, elles sont l'œuvre de la bienveillance publique et ne reposent pas sur le droit racheté de l'individu. Bien préférables sont les œuvres auxquelles participent activement ceux qui ont l'intelligence des besoins auxquels elles doivent donner satisfaction, ceux qui montrent la volonté d'y pourvoir et assument les obligations que comporte l'accomplissement du but qu'elles ont devant elles.

320. — Nous représentons tous l'expiation qui poursuit impitoyablement tous les coupables. Chacun de nous, chassé d'entre les créatures innocentes ou purifiées, trouve au milieu de ses semblables la juste punition de ses fautes en même temps que les moyens de travailler à son avancement. Cessons de nous irriter et de nous débattre contre notre situation ; ne restons pas sectateurs du mal. N'usons plus de notre liberté pour nous insurger contre notre peine, humilions-nous devant la justice de la condamnation, et reconnaissons l'inutilité de la révolte. Un juge tout puissant nous

impose sa juste sentence. Il est sans défaillance et frappe toute nouvelle faute d'un nouveau châtiment. Il nous atteint où, quand et comme il veut.

En présence de cette justice qui dispose de l'infini pour punir, n'est-il pas insensé de croire qu'il soit possible de lui échapper? et comme elle tient pour nous en réserve l'éternité du bonheur, n'est-il pas plus insensé encore de ne pas se confier à elle?

Hommes, faisons chacun notre devoir, et attendons tout de la loi vivante qui est toute justice et tout amour.

TABLE DES MATIERES

LIBRAIRIE LESSARD

3, rue Mercœur
NANTES

L'UNITÉ DE LA VIE PASSÉE, PRÉSENTE & FUTURE
ou
L'IMMORTALITÉ INDIVIDUELLE & COLLECTIVE
Par P.-F. COURTÉPÉE

PRIX : 1 fr. 50. Plus 0 fr. 15 d'affranchissement.

Les âmes viennent sur terre afin de continuer leurs essais dans la vie intellectuelle et morale. Elles y sont placées afin que, se servant de leur volonté, elles reprennent leur marche vers l'acquisition de la sagesse et de la Science. L'accomplissement du but de la vie corporelle compliqué de la nécessité du retour au bien ne peut être que progressif. Le renouvellement réitéré de la vie des âmes agissant par de nouveaux corps s'impose ainsi comme la condition nécessaire de leur amélioration. Ce livre contient l'explication de cette loi fondamentale de l'existence matérielle. Il en développe les conséquences immédiates mieux et plus complètement que cela n'avait été fait jusqu'ici. Il explique la cause et le résultat des souffrances qui nous atteignent. Il est le complément nécessaire des études morales que tous ont à faire, tous étant intéressés à savoir pourquoi ils sont au monde, pourquoi ils souffrent, ce qu'ils peuvent faire afin de ne plus souffrir, et pourquoi il y a parmi nous des inégalités de tous genres.

TABLE DES MATIÈRES
CONTENUES DANS CE VOLUME

EN VENTE LIBRAIRIE LESSARD

3, Rue Mercœur, 3

Ch. FAUVETY

NOS TRISTESSES ET NOS ESPÉRANCES......	»	10
LA CONCILIATION PAR LE SOCIALISME......	»	10
LA POLITIQUE DE CONCILIATION (épuisée)...	»	10
LA VIE ÉTERNELLE et le SALUT COLLECTIF.	»	50
NOUVELLE RÉVÉLATION, la Vie, méthode de la connaissance, 1 fort volume..........	3	50

P.-F. COURTÉPÉE

DE LA MORALE ET DE LA SANCTION........	»	10
L'UNITÉ DE LA VIE PASSÉE, PRÉSENTE ET FUTURE, ou l'immortalité individuelle ou collective.	1	50
LA PAIX partout et toujours	»	10
SOCIALISME CATHOLIQUE, son insuffisance, son complément nécessaire. Discussion de l'Encyclique « novarum rerum » du 15 mai 1891, relative à la condition des ouvriers dans les pays chrétiens, forte brochure..........	»	50

P. VERDAD

NOTRE ŒUVRE, première leçon donnée au peuple sur la philosophie sociale et la religion universelle...	»	10
CE QUE SIGNIFIE LA CROIX DU CHRIST (essai d'interprétation ésotérique (épuisée)........	»	10
DE LA HAINE, ENCORE DES HAINES, TOUJOURS DES HAINES, paroles adressées à des amis religieux et à des amis du Socialisme conciliateur (épuisé)......................	»	25
LE VRAI ET LE FAUX SOCIALISME..........	»	25

V. MARCHAND

L'UTOPISTE, roman socialiste et religieux (300 pages)................................	1	15

Nantes. — Imprimerie F. Salières, rue du Calvaire, 10.